"法哲学与法理论口袋书系列"教材

雷磊 ‖ 主编

写给学生的法理论

[德]克劳斯·阿多迈特　[德]苏珊·汉欣／著
（Klaus Adomeit）　（Susanne Hähnchen）

雷磊◎译

RECHTSTHEORIE FÜR
STUDENTEN

（原书第六版）

中国政法大学出版社

2018·北京

写给学生的法理论

Rechtstheorie für Studenten, 6., neu bearbeitete Auflage
by Klaus Adomeit, Susanne Hähnchen

Copyright © 2012 C. F. Müller, eine Marke der
Verlagsgruppe Hüthig Jehle Rehm GmbH
Originally published by C. F. Müller GmbH

版权登记号：图字 01-2018-3029 号

总　序

"法理学"(Jurisprudenz, jurisprudence)之名总是会令初学者望而生畏。因为无论是作为法的一般哲学理论的"法哲学"(Rechtsphilosophie, legal philosophy),抑或是作为法的一般法学理论的"法理论"(Rechtstheorie, legal theory),虽从地位上看属于法学的基础学科分支,但却往往需要有相当之具体专业知识的积累。在西方法律院校,通常只在高年级开设法哲学和/或法理论课程,法理学家一般情况下也兼为某一部门法领域的专家。有关法的一般性理论研究的专著往往体系宏大、旁征博引，同时也文辞冗赘、晦涩艰深。这些论著大多以具备相关专业知识之法学专业人士为假定受众，非有经年之功无法得窥其门径与奥妙。

中国的法学教育模式与西方有所不同。由于历史和现实的原因，法理学被列为法学专业必修课程的第一门，在大学一年级第一学期开设。统编教材罗列法学基本概念和基本原理，只见概念不见问题、只见枯死的材料不见鲜活的意义，往往使得尚未接触任何部门法知识的新生望而却步，乃至望而生厌。尽管有的法律院校（比如中国政法大学）同时在三年级开设了相关课程，且内容以讲授西方前沿理论为主，却又使得许多学生"不明觉厉"、畏葸不前。除去授课的因素之外，其中很大的一个原因在于，虽然目前我国学术市场已有为数不少以法哲学和法理论为主题的专著和译著，其中也有不少属于开宗立派之作或某一传统中的扛鼎之作，但却缺乏适合本科生群体的微言大义式、通览或概述式的参考读物。

有鉴于此，"法哲学与法理论口袋书系列"教材以法学初学者（主要为法学本科生，也包括其他对法理学感兴趣者）为受众，以推广法哲学和法理论的基本问题意识、理论进路和学术脉络为目标，拟从当代西方法哲学与法理论论著中选取篇幅简短的

总 序

系列小书,裨使法理学更好地担当起"启蒙"和"反思"的双重功能。它的目标,在于让学生更易接近法理学的"原貌",更能知悉法理学的"美好",更加明了法理学的"意义"。为了便于读者掌握各本小书的思路、内容与结构,我们在每本小书的前面都加上了由译者所撰的"导读"。

德国哲人雅斯贝尔斯(Jaspers)尝言,哲学并不是给予,它只能唤醒。这套小书的主旨也并不在于灌输抽象教条、传授定见真理,而是希望在前人既有思考的基础上唤醒读者自身的问题意识、促发进一步的反省和共思。

雷 磊

2019 年 3 月 20 日

前　言

很多学生有过这种（令人沮丧的）经历：为了考试取得高分和很好地完成家庭作业，光学习实体法是不够的，为此还需要掌握鉴定技术*——这方面存在大量的相关文献（尤其是在案例汇编中）。

本教科书旨在作为对这种学习的进一步扩充。它一方面提供额外的"案

＊德国法学学科大学生会被教授两种技术，一种是鉴定技术，一种是判决技术，前者是教授他们像律师那样写作辩护意见的技术，后者是教授他们像法官那样写判决的技术。——译者注

头工具",另一方面提供一些法学的"通识教育",也就是关于学习对象的反思。为了不使这一切显得太过抽象,我们将尽可能地举例子,这些例子主要来自民法领域,但也有来自于其他法律领域的。

本书以科学理论导论为开端,将提炼出法律科学相对于其他科学的特性。

第一部分是**规范逻辑**,它以简明扼要的形式包含了规范逻辑最重要的方案和观念。这里主要有关于规范、构成要件和法律后果以及作为阶层构造之法秩序这些经典学说。

第二部分是一种简化了的**方法论**。相应的相关知识是人类共同的知识财富。但遗憾的是,在学习的过程中通常"缺乏"时间来真正地运用方法论(就像运用其他基础原理那样),这是一种不幸的评价。这种时间可能需要被有效地投入,因为学生需要完成的材料汗牛充栋,这会压垮他们。只有恰当的引导才有所帮助,但人们恰恰不(只)是通过具体的信息,而是要通过基础性的认识才能获得这种引导。先读懂地图要比恰当认识某个具体的地区更重要。之后人们就可以自由地决定,自己想要在哪个地方住下。如何查阅制定法,如何涵摄某个事实,如何处理多义的文本——这一切都将在这里用现实的例子来说明。

但即便人们掌握了方法论,也仍留有主观选择和决断的余地。人们应该意识到并承认这一点。每个人,只要他成为法律人就拥有他无法摆脱的个人的(政治的、道德的)前理解。此外,他或她在工作时要面对的既存之物,即制定法,也是基于政治确信和妥协而形成的。因此,第三部分**法政治学**就涉及基本政治立场。许多人会将这个部分称为法哲学。无论如何,它涉及对法的基本问题的连贯反思。而希腊哲学家和罗马法学家都已经十分努力地这么做过了。他们的思想看上去令人惊讶地具有现实意义,或许更好的说法是:它们不受时间限制。

本书的不同部分彼此依存,但也可以分开来读。**规范逻辑**指明了结构和关联,但它不想回答任何公开的法律问题。不如说这是由方法通过正确适用其规则来完成的。余下的疑问可以通过法政治学来做更精确的分析。最终,总是必须要由那些诉诸法政治学分析并对决定负责之人来作出决定。学生们应当意识到这种责任。

这里所说的法理论没有处理来自社会学的思潮。但哈贝马斯(Habermas)的"交往行为理论"或"商谈理论"也并没有触及我们作为法律人之任务的核心。作为"来回往复的对话"(维基百科的定义),商谈对于每堂研讨课上的讨论而言都有诱惑力,只是：它终归也必须要作出决断。

两位作者确信，先要充分利用经典学说［从萨维尼（Savigny）直到卡纳里斯（Canaris）、从蒙森（Mommsen）直到乌韦·韦泽尔（Uwe Wesel）、从拉德布鲁赫（Radbruch）直到维托里奥·赫斯勒（Vittorio Hösle）］才能使得年轻的学生、未来的法律人走上正确的道路。

这本法理论导论的创立者克劳斯·阿多迈特（Klaus Adomeit）一直续写到本书的第4版。新加入的合作者苏珊·汉欣（Susanne Hähnchen）主要是将来自于最新教学活动的经验引入了她所负责的第二部分，即方法论。

克劳斯·阿多迈特　苏珊·汉欣
2011年10月于柏林

目 录
CONTENTS

总　序·001
前　言·004

《写给学生的法理论》导读 / 雷　磊·001

科学理论导论·037

1. 什么是"理论"？·037
2. 什么是"法"？·042

    a）法与制定法·043

    b）法与法学·046

    c）法与法院·049

    d）法与公众·050

    e）相互作用的模式·052

    f）教义学的任务·054

第一部分　规范逻辑·061

1. 规范是什么？·061

    a）作为法律后果规定的法律规范·061

    b）规范与制裁·063

    c）比赛规则、惯例与习俗·065

    d）法律规范与制定法规范·068

    e）应然·070

2. 规范认知问题·073

    a）规范与真（证实论）·073

    b）真的概念·076

    aa）借由定义的真（D-真）·078

    bb）逻辑真（L-真）·083

    cc）经验真（E-真）·087

3. 法律推论的方法·089

    a）命题方阵（亚里士多德）·089

    b）规范方阵（边沁）·093

    c）推论（三段论）·100

    d）谬论学说·104

4. 法秩序的阶层构造·106

    a）行为规范·106

    b）授权·106

    c）主体规范或组织规范·112

5. 民法基础理论·114

    a）权利·114

b）霍菲尔德的权利与权力理论·*117*

c）指示权与其他形成权·*118*

d）合同与私法自治·*120*

6. 效力与基础规范·*124*

第二部分　方法论·*129*

I. 原理·*129*

1. 罗马法学家论制定法解释·*131*
2. 弗里德里希·卡尔·冯·萨维尼（*1779~1861*）：经典学说·*135*
3. 合宪性解释与合指令解释·*147*
4. 大胆尝试是成功的一半！·*154*

II. 写给法学学生的方法论·*160*

1. 找到制定法！·*160*
2. 查阅制定法！·*169*

   a）建议一：慢读！·*169*

   b）建议二：注意构成要件和法律后果之间的停顿！·*169*

   c）建议三：找出逻辑结构！·*171*

   d）建议四：确定最合乎实情的顺序！·*176*

   e）建议五：注意语境！·*181*

   f）建议六（最后的建议）：大量频繁地阅读制定法！·*184*

3. 阅读文献与司法判决！·*184*

4. "自行决定！" · 186

　　a）自由决定的方法 · 186

　　b）证立 · 191

　　c）例证："谋杀家庭暴君"案 · 192

第三部分　法政治学 · 195

I. 原理 · 195

1. 法政策科学 · 195

2. 政治立场 · 199

II. 可选项 · 201

1. 无政府主义者及其敌人：国家 · 201

　　a）无政府主义者的目标 · 201

　　b）逃亡 · 203

2. 自由与秩序 · 208

　　a）梭伦与吕库古 · 208

　　b）柏拉图的忧虑 · 214

　　c）教育与自决 · 217

　　d）均衡原则 · 218

3. 民主与权威 · 221

　　a）亚里士多德与民主的技能 · 221

　　b）民主的悖论 · 229

　　c）"冒险尝试更多的民主！" · 231

　　aa）工厂 · 231

　　bb）企业 · 232

cc）大学·*233*

4. 平等与差别·*234*

　　a）柏拉图和亚里士多德关于共产主义的争议·*234*

　　b）财产和权力·*239*

　　c）作为妇女权利的平等·*241*

5. 国家及其敌人·*243*

　　a）论变迁·*243*

　　b）什么是"法治国"？·*247*

　　c）喀提林阴谋·*248*

6. 结语：论正义·*255*

规范逻辑的36个核心命题·*263*
问题的答案·*268*
法理论经典作家·*270*
文献提要·*273*

《写给学生的法理论》导读

雷 磊

一

在当下中国的法学教育领域,恐怕没有哪个法学分支学科像"法理学"那般陷入"自我分裂"的状况:一方面,为了应对考试(包括法律职业资格考试),法理学教师在时间有限的必修课课堂上不得不以各种统编教材和自编教材为纲,[1]讲授所谓的"通例"、"通说";另一方面,法理学者自己的研究在很大程度上却与这种讲授的内容并无多少关联,[2]他

---

[1] 事实上这两类教材在结构和内容上都差别不大,比如都会包括"法学的基本概念"、"法的价值"、"法的运行"、"法的历史"、"法与社会"这几个主要的部分。我国的法理学教材并不仅仅是(狭义上的)"法理学"教材,也承担着传授法学基础知识的角色。

[2] 除非在自由度比较高的课堂上,比如选修课(尤其是研讨课),这类课程通常无须统一命题,可以由教授自主考查结课。也有的学校在本科高年级开设另一门必修课(如中国政法大学开设的"法理学原理"),在这个课堂上教师可以追踪国际前沿,并根据自己的研究进行授课。

们的问题意识、基本概念框架甚至立场可能都与教材大相径庭。而这一点在其他部门法学科中是看不到的,或者说至少不那么严重。一方面,这固然是因为今日之部门法学者(如民法学者、刑法学者)均以教义学为研究和授课的重心,而教义学研究的基础在于所在国家的现行法律。这种制度性基础保证了部门法教学和研究的"同心圆结构"。而这一点在法理学领域并不存在——我们没有法理学自身的"法条"。另一方面,法理学的自我定位与体系结构长期以来也一直处于摇摆不定之中。(是整个法学的"基础学科",抑或是"高级学科"?)再加上更加容易受政治立场和价值判断的影响,就会出现法理学的"两张面孔":一张是课堂上的"教科书化的"面孔,另一张是法理学者的专著或论文中闪现的"普罗透斯式的"面孔。许多法学的学生对于法理学科兴致寥寥,除了功利的考量之外,恐怕很重要的一个原因就是在一年级时深受这种"教科书化的"法理学的伤害。

德国法哲学没有统编教材,也没有统一的考试(各州的国家考试中均不设"法哲学"科目),可是情形走向了另一个极端:在"法哲学"的统一之名下,各个授课教师讲授的内容相去甚远,基本取决于授课者自身的学术兴趣和理论进路。反映在教材方面，也不乏冠之以《法哲学教科书》、《法理论教科书》、《一般法学说教科书》之名的读物，但大多为大部头的专著型教科书，并不十分适合初学者。相反，简明教科书为数甚少，而其中在今天的德国法律院校中流传较广的一本是克劳斯·阿多迈特（Klaus Adomeit）与苏珊·汉欣（Susanne Hähnchen）合著的《写给学生的法理论》（*Rechtstheorie für Studenten*）。这本书从1979年初版以来，在1981年、1990年、1998年、2008年多次再版，至2012年已出到了第6版。

克劳斯·阿多迈特于1935年出生于梅梅尔（Memel）。他从1954年起在哥廷根学习法学，1958年至1960年在海德堡大学担任沃尔夫冈·希伯特（Wolfgang Siebert）教授的学术助手。1960年，以论文《除了公司协议之外可容许作为社会事务参与形式的监管协议（〈德国企业法〉第56条、〈代表会法〉第67条）》获得法学博士学位。在通过第二次国家考试之后，他先在卡塞尔大学、后在科隆大学担任劳动法权威汉斯·卡尔·尼佩戴（Hans Carl Nipperdey）教授的学术助理。1968年，他以《劳动法的法源问题》获得一般法学说、民法和劳动法的教授资格。1970年，创办后来享誉德国和欧陆法哲学界的著名期刊《法理》（*Rechtstheorie*）。从1975年开始，担任柏林自由大学法理论与劳动法教席教授。从1984年之后，成为德国-西班牙法学家联合会主席。1990年曾短暂担任奥德河畔法兰克福市司法行政部门领导，1996年任柏林自由大学法学院院长。2000年退休后，2003年成为西班牙格拉纳达大学法学院永久客座教授。除了上述两本著作外，阿多迈特教授还著有《形成权、法律行为、请求权：私人自治在法律体系中的地位》（1969年）、《古代思想家论国家：政治哲学导论》（1982年）、《奥维德论爱欲：教育诗〈爱的艺术〉》（1999年）、《〈德国民法典〉：服务于好奇者、惊讶者、怀疑者和沮丧者的定位指南》（2005年）、《西班牙法导论》（2007年第3版）、《劳动法》[与彼得·哈瑙（Peter Hanau）合著，2007年第14版]、《写给法学学生的拉丁语》（2009年第5版）、《〈普遍平等法〉：〈普遍平等法〉与其他反歧视规定的评注书》[与约亨·莫尔（Jochen Mohr）合著，2011年版]等。苏珊·汉欣于1969年出生于柏林，从1990年开始在柏林自由大学学习，2001年获得博士学位，2007年获得民法、罗马法和私人保险法教授资格。从2010年起担任比勒菲尔德大学民法、德国与欧洲法律史以及私人保险法教席教授。据《写给学生的法理论》"前言"部分的交代，本书由阿多迈特教授创立，一直续写到1998年第4版，

《写给学生的法理论》导读

汉欣教授主要是根据最新教学活动的经验改写本书第二部分,即方法论。

本书分为四部分。除"导论"外,主体内容上遵循了一般法理学(法哲学)通常的三分法,即法概念论、法学方法论与法伦理学,只是略有不同:第一部分为规范逻辑(其实更准确的说法是"规范理论")。受到自然科学思维模式的影响,近代以来研究法概念论的倾向有一个显著的变化,即从法的基本构成单位"法律规范"入手来研究"法是什么"这一问题〔典型代表是汉斯·凯尔森(Hans Kelsen)〕。作者在这一部分简要交代了规范理论的经典学说。第二部分为法学方法论,作者在这里并没有过多去涉及具体的方法,而是在澄清基本原理后,站在学生角度,围绕制定法、文献和司法裁判的查阅勾勒出一幅"方法地图"。第三部分为法政治学。从某种角度说,政治学是伦理学的一部分,所以法政治学构成了法伦理学的一部分。作者在这一部分展示了法律领域可能涉及的基本政治立场及其对立。[3]

---

[3] 请对照本口袋书译丛的第一本 ——[德]迪特玛尔·冯·德尔·普佛尔滕:《法哲学导论》,雷磊译,中国政法大学出版社2017年版。该书将法哲学分为"法理论"与"法伦理学"两部分,将"法理论"只限定于法概念论(更多的做法是认为法理论包括法概念论与法学方法论)。所以,将法政治学或法伦理学放入"法理论"并非通说。

这三个部分既相互独立，又相互关联。它们各有各的研究对象，因而可以分开阅读；它们之间又有相续关系——规范理论涉及法律规范的结构和关联，法学方法论涉及规范的正确适用，方法无法完全消除的主观选择和决断的余地则要通过法政治学来分析，因而完整的阅读会带来更好的效果。下面我们将依次对本书的主要线索和内容进行介绍。

二

"导论"部分旨在阐明"法-理论"的含义。这又包括两个部分："理论"是什么？"法"是什么？

理论是什么？理论是认知世界的工具。①认知要有认知的**对象**，对象可以是自然对象，也可以是社会现象。②对于对象的简单认知方法是**观察**，而专业的认知方法则是**报告**。③对报告数据记录加以整理和简化的做法是以一般形式来描述同类现象的不变属性，这就是自然规律（**法则**）。自然规律可能被证伪，但它可以被用来说明和预测，因而是有用的。④对自然规则（法则）进行进一步的归纳，使它们都服从于统一的原则，这就是**理论**。

法是什么？由于法缺少物理对象那样的外观（不具有空间性），而具体的现象是否属于法律现象端赖于界定法的标准,因此法的定义至关重要。但是目前为止法学家们关于法的定义并不一致,因而并没有解决界定问题。阿多迈特放弃了定义法的尝试,而试图从四个与法相关的主体/范畴去向学生揭明如何理解"法":①立法者(制定法)。并非只要识字、有阅读能力就能掌握制定法。并且,制定法并不等同于法。一方面,制定法往往需要评论(解释)。这是因为:第一,制定法不易理解。立法者会使用冷僻的词语,会使用量化的和不精确的概念。第二,制定法会存在漏洞。另一方面,制定法往往要受到批判。这是因为:第一,制定法可能缺乏实效(没有在现实中被运用);第二,制定法可能违宪;第三,制定法可能是"不法"(违背正义)的。这里其实就涉及"法"的定义标准问题。[4]②法学家(法教义学)。法教义学可以对制定法进行限缩、解释和续造,从而产生"法"。法学与其他领域(如自然科学)一样充满争议,但与自然科学中争议的不同之处在于,法学中不存在可证明之意义上的"真理",它只涉及通说(得到普遍支持)和少数观

---

[4] 这三方面分别涉及社会的实效性、权威的制定性与内容的正确性。对此感兴趣者可参见[德]罗伯·阿列西(通译为"罗伯特·阿列克西"):《法概念与法效力》,王鹏翔译,台湾五南图书出版有限公司2013年版,第27页。

点（只有少数人支持）。法教义学不是严格意义上的科学。③法院（司法判决）。司法判决得到权威的支持，从而在一定程度上能弥补法律命题不可证明的缺陷。但权威并不代表正确性，某个具体诉讼被司法判决终结并不意味着相关法律问题就被解决了。判决同样要遭受批评，甚至判决出台后学术讨论才开始。④公众（公众意见）。公众意见在论证和裁判之前对司法判决施加着影响，如今的网络放大了这种声音。人类的认识能力中包含着对世界的双重视角，即描述性的和规范性的视角。每个人都可以对法律问题发表自己的规范性意见。⑤立法者及其制定法、法教义学者及其著作、司法及其裁判、民众及其观点之间相互影响，法（法秩序）来自于这四个层级的共同作用。这种法秩序处于不断变迁之中，几乎无法窥清其全貌。

法理论与法教义学是不同的。法教义学旨在找到、发展并贯彻相关法律规则，而法理论将教义学的这种工作成果作为研究对象。后者也可被称为"一般法学说"（更准确的称呼）。[5]在此，作者还顺

---

[5] 不同观点参见 Klaus F. Röhl und Hans Christian Röhl, Allgemeine Rechtslehre: Ein Lehrbuch, 3. Aufl., Köln: Carl Heymanns Verlag 2008, S. 6. 这本书将法理论区分为观察者视角和参与者视角，仅将参与者视角的法理论称为"一般法学说"。

道批评了凯尔森的"纯粹法学说",即意图将一切主观性和政治意识形态排除于法理论之外的努力,从而为"法政治学"进入"法理论"铺平了道路。

三

规范逻辑(规范逻辑)部分涉及两大问题:一是个别规范的问题(1~3节),二是规范体系的问题(4~6节)。

(一)

个别规范问题分别处理了规范的本体论(规范是什么)、认识论(规范的真假问题)与逻辑关系问题(法律推论的方法)。

1. *规范的本体论*

法律是一种规范,那么规范是什么?首先,规范是依照语法规则由语词组成的语句。它与同为语句的"命题"之间的区别在于:命题具有纯粹的描述性内容,而规范具有规定性,即包含法律后果的规定。规范可以典型地以命令句的形式出现(如"不得杀人"),但有时也以描述句的形式出现(如"人的尊严是不容侵犯的")。但无论如何它都是规定某种行为的指令。[6]其次,法律规范可以分为行为规范与制裁规范。刑法条款是制裁规范,它规定的是"制裁"这种特殊的法律后果;但它同时隐含着对与刑罚后果通过构成要件相关联之行为的禁止,也就是说隐含着一个行为规范("勿为")。对这一行为规范的违反会导致相关制裁规范的适用。如对"禁止谋杀"这一行为规范的违反会导致适用"谋杀者,处……"这一制裁规范。当我们说某人违法时,是指违反了行为规范。行为规范针对的是一般的民众,而制裁规范的受众则是官员。它们合在一起构成了"禁止或命令/制裁"这种结构。再次,法律规范的这种结构与比赛规则、惯例与道德(习俗)十分类似。后面这些社会规范与法律规范的唯一区别在于不具有"法律"的性质,但法律体系完全可以容纳它们,从而使得对相应社会规范的遵守上升为法律义务。例如根据《德国民法典》或我国《民法总则》,违反善良风俗或公序良俗的(民事)法律行为是无效的。再次,法律规范的范围要广于制定法

---

[6] 要注意的是,本书对于"规范"的界定只是从语义学的角度的界定,另一种界定"规范"的角度是社会事实的角度。因而可以区分出"语义学规范"与"实体论规范"(参见雷磊:"'走出约根森困境'？——法律规范的逻辑推断难题及其可能出路",载《法制与社会发展》2016年第2期,第216~217页)。在法概念论之争(法律规范与道德规范之间的关系)中,主要涉及的是实体论规范。

规范。一方面，除制定法外，法律规范可以来自于法学家法与法官法，也就是来自于法律学说与判例；另一方面，制定法的每个语句都表达出一个法律规范（可能是不独立的法律规范）。最后，法律规范的规定性体现在它以"应然"为内容。规范规定其受众"应做某事"，它所使用的辅助动词是"应当"而不是"是"。每个"应然"的背后都存在这一种意愿。[7]实然与应然是相分离的两个世界，不能从实然推导出应然（自然主义谬误），也无法从应然推导出实然（道德主义谬误）。[8]得出规范性结论需要至少一个规范性前提。

2. 规范的认识论

规范认知的核心在于规范的真值问题。命题和规范在认识论上的根本差别在于，命题是真的或假的，规范则是有效或无效的。真假可以被验证（被证实），而有效无效则只能依据不同的标准进行评价。要特别指出的是，规范不同于关于规范的命题，后者是被陈述出的关于某个规范之存在的命题[芬兰哲学家冯·赖特（v. Wright）称之为"规范陈述"（normative statement），并被广为接受]，它同样是命题，因而也

---

[7] 在这里，作者似乎又滑向了"实体论规范"的概念。
[8] 关于这两种谬误参见 Otfried Höffe, *Ethik: Eine Einführung*, München: C. H. Beck 2013, S. 32-33.

有真假问题。例如,"根据《民法总则》第13条,自然人从出生时起到死亡时止,具有民事权利能力。"这个命题旨在描述:我国《民法总则》中存在一个第13条,它的内容是"自然人从出生时起到死亡时止,具有民事权利能力"。假如事实上存在着一个具有此内容的条款,那么这一命题就是真的;假如不存在,这一命题就是假的。相反,"自然人从出生时起到死亡时止,具有民事权利能力"这一规范本身并无真假。

那么,究竟什么是"真"?作者区分了三种"真"的概念及其检验条件:

(1)借由定义的真。定义真的命题是指根据**语言使用规则**本身就是真的命题,它其实是一种同义反复(套套逻辑),是一种关于语言用法的信息,是纯分析性的。因为它无法告诉我们新的东西,因而内在为真。比如"单身汉就是没有结婚的男人"。当然,定义可以被区分为名义定义与实际定义。名义定义是指在引入一个新概念时任意确定其内涵的定义,这么做时无真假可言。但假如概念已经存在并被确定(如果名义定义被广泛接受),此时它就成了实际定义,那么人们就要受到这种确定的拘束,它就有了真假的问题。当然,在特定语境中远离惯习性的语言用法是可能的,此时就有了新的名义定义,同样无真假可言。标准的定义就是"属+种差",但这种定义法在法律上有很多问题,因而也应当允许其他定义方法。法律定义是一种非独立的规范,需要与独立规范一起才能确定后者的构成要件特征。要避免链条式定义与循环定义。

(2)逻辑真。逻辑真的命题是指根据**逻辑法则**本身即为真的命题,它同样不包含任何信息内涵。逻辑界定着可能知识的界限,违背思维法则的命题肯定是假的。命题间的矛盾要作为典型的逻辑错误绝对予以避免,但有时基于正义的观念可以打破法学思维的逻辑过程。

(3)经验真。这是现实中、也包括法律活动中最常见的真的类型。经验是对现实进行观察后获得的知识。与定义真和逻辑真不同,验证经验真要去追问现实,求得事物与关于事物之语句的相符(真之符合论)。它包含着新的信息与事物。作者认为,对于规范命题只能在转借的意义上来谈论经验真(称为"教义真"):看规范的内容是否以及在多大程度上与法教义学的现状相吻合。但法官没有义务去获取教义学的知识,他只是习惯于这么做(德国尤甚)而已。从而教义真就是他所认为正确的东西。由上可知,虽然关于规范的命题有真假,但谈论规范本身的真假却没有多少意义。

3. 规范间的逻辑关系

不同规范之间的逻辑关系为何？它们间的关系可以对应于命题之间的逻辑关系，而后者来自于亚里士多德（Aristotle）的命题方阵。命题可分为三类，即普遍命题/全称命题（所有……都是……）、特殊命题/存在命题（有一些……是……）以及个别命题/个称命题（x 是……）。个别命题对于科学活动（包括法律活动）意义不大，因此先予排除。剩下两类命题，即"所有 S 都是 P"和"有一些 S 是 P"，以及它们的否定式，即"所有的 S 都不是 P"（没有 S 是 P）和"有一些 S 不是 P"之间的关系为："所有 S 都是 P"与"所有 S 都不是 P"之间是反对关系，"所有 S 都是 P"与"有一些 S 不是 P"（并非所有 S 都是 P）之间、"所有 S 都不是 P"与"有一些 S 是 P"（并非所有 S 都不是 P）之间也是矛盾关系。"有一些 S 是 P"与"有一些 S 不是 P"是兼容的。"所有 S 都是 P"包含着"有一些 S 是 P"，"所有 S 都不是 P"包含着"有一些 S 不是 P"。在同构性的意义上，可以勾勒出规范方阵［由于最早由英国法学家边沁（Bentham）刻画，所以称为"边沁方阵"］。规范的两种基本类型为命令与禁止，如"你不应当杀人"和"你应当杀人"。它们之间存在着一种反对性对立关系。这意味着（在由同一个规范创制者创制的前提下），它们不能同时有效，但可以同时无效。对禁止的否定是允许，禁止和允许处于矛盾关系之中。对命令的否定是豁免，命令和豁免也处于矛盾关系之中。允许是对人们可以做某事之禁止的否定，豁免是对人们不得做某事之命令的否定。要注意的是，在法律语境中，允许（自由）通常都指一种双向选择，即既可以做某事也可以不做某事的自由，或者说既非禁止也非命令。换言之，同时包括了这里所说的"允许"与"豁免"。[9]但在勾画规范方阵时，允许与豁免需要被分开。由此就导致了四种基本规范类型：命令、禁止、允许、豁免。它们间的关系为：命令与禁止为反对关系，命令与豁免、禁止与允许之间都是矛盾关系，允许与豁免是兼容的，命令包含着允许，禁止包含着豁免。由于存在这些逻辑关系，它们中的任何一个都可以从另一个推导出来，所以四种规范类型可以被还原为一个。可见，命题方阵和规范方阵完全相符。

包含关系意味着，从全称命题可以推导出存在命题。推论（三段论）容许从两个真命题出发推导

---

[9] 我们可以称之为"双向允许"（有些作者称之为"中性"），而这里所说的"允许"（非禁止）与"豁免"（非命令）中的任何一个都可被称为"单向允许"。关于两类允许的区分，参见雷磊："权利的地位：一个逻辑-规范的分析"，载《浙江社会科学》2016年第10期，第50页。

出一个新的真命题,其基本类型就是"芭芭拉模式"。它的著名例子是:所有人都会死,苏格拉底是人,所以苏格拉底会死。法学三段论与命题三段论的区别在于引入了"应当"这个规范逻辑常量。它的基本形式是:所有 A 都应当做 x,S 是 A,所以 S 应当作 x。就像命题三段论会传递命题的真值一样,法学三段论会毫无损害地传递规范的效力。这在方法论上就被称为"涵摄"。其核心在于寻求第二个前提,即小前提,以及具体化制定法规定的抽象法律后果。错误的推论被称为"谬论",其中最典型的就是"循环论证",即将有待寻求的结论预设为前提,这在法学简化论证中常常出现。如果前提和结论相互矛盾,就出现了"恶性循环"。

(二)

规范体系问题涉及法律体系的阶层构造(第 4 节)及其效力基础(第 6 节),以及与义务相对的权利问题(第 5 节)。

1. 法律体系的阶层构造[10]

法律体系并非由单一类型的法律规范,而是由

---

[10] 关于法律体系的阶层构造及其效力基础,也可参见本译丛的第二本——[德] 诺伯特·霍斯特:《法是什么?》,雷磊译,中国政法大学出版社 2017 年版,第 73~132 页。

不同类型的法律规范构成。它们包括三大类：①行为规范，即前面讲的命令、禁止、允许、豁免，它们对于规范的受众而言都具有义务的内容。②授权规范（权能规范）。这类规范不同于允许，因为它不涉及行动自由，而是一种规范性的权力。它并不直接对人的行为施加影响，而是赋予规范受众（如官员）创设规范，尤其是行为规范的职权。因此，相比于行为规范，授权规范处于更高的规范阶层：授权规范构成了创设行为规范的依据与效力来源，行为规范与上位授权规范（通常不仅或不主要指内容上，而是指程序上）相符才是有效的，授权规范的受众就是行为规范的创设者。违反行为规范的后果是制裁，而违反授权规范的后果是被创设出的行为规范无效。授权规范的效力可能来自于另一个更高位阶的授权规范，由此就会形成规范的链条或等级结构：行政行为 → 法规 → 制定法 → 宪法，等等。③主体规范（组织规范）。授权必须要有授权的对象，即主体。事实上，由于授权的对象本身就属于授权规范的一部分，因此在多数著作中，主体规范并不被视为一类独立的规范，而是被作为授权规范的一部分来看待。但本书基于"合目的性的考量"，认为组织条款在许多法律中都单独规定且数量巨大，因此也可以被作为一类规范来对待。只是不遵守组织规范与违反授权规范的后果是一样的,即导致组织行为无效。

2. 法律体系的效力基础

前已述及,法律体系会形成一个授权规范的阶层构造,最终在实在法的框架内可以回溯到宪法规范(或者,在欧盟的情形中回溯到欧盟法)。但宪法的效力又来自于哪里?如果宪法的效力遭受质疑,那么整个法律体系的效力就都会被动摇。在此,本书从学说史上提炼出了三种理论:①启示理论,认为特定法律体系来自于上帝或者由上帝直接或间接地制定,因而其效力不容置疑。这是一种神学自然法的版本。②承认理论,宪法之所以有效,是因为大多数隶属于它的公民都承认它。其代表为哈特(Hart)的承认规则理论。③权力理论,即认为宪法乃至整个法律体系的效力来自于有实效的权力。其代表为奥斯丁(Austin)的主权者学说。这三种理论将宪法和法律体系的效力分别奠定在价值(正当性)、内在事实(接受)与外在事实(服从权力)的基础上,都存在各自的问题。作者最后转向了凯尔森的基础规范理论。这种理论认为宪法的效力同样只能来自于更高位阶的规范,但这种规范不再是实在法规范,而是一种逻辑上的预设。只有有了这种预设,人们才能有意义地认识到法律秩序,法律科学才有可能。但这种理论同样备受攻击。

3. 权利问题

作者在本部分专门花费一节来处理"民法基础理论",看上去有些怪异,但其实这部分涉及的是与义务相对的权利(德国法学上称为"主观法")问题。行为规范的核心是规范受众的义务,这种义务可能对应有特定的规范受益者及其权利,也可能没有。比如在刑法领域,多数条款没有任何特定的个体作为受益者,位于中心位置的是国家对暴力的垄断。但在民法领域,典型的情形是特定的义务对应着特定人的权利。在一些学者那里,权利的概念被认为是多余的。像凯尔森这样的学者就认为,权利只不过是对义务的"反射"而已:我对你的权利就是你对我的义务,两者是一回事("反射命题")。进而,他将权利等同于"诉权"("法律上的权力"),即你不履行义务时我诉诸法律手段迫使你履行的能力。但作者认为这种理解过于狭隘,请求权会赋予权利人一系列的自由去介入义务人的地位。这里涉及霍菲尔德(Hofeld)的权利理论,即将权利区分为请求权、自由(特权)、权力、豁免四种子情形,其中前两者和后两者之间分别存在否定性对立关系。

作者在这里特别处理了"权力"的典型情形,即形成权的问题。一种是单方形成权或者说指示权,它以亲权和雇主对雇员的指示权为例证（它们均以针对私人的授权规范为基础）。由于授权规范的存在，相应的私人主体（父母或雇主）拥有了下达命令的权限，由此对于相应的对象（子女或雇员）创造出有效的义务。另一种是双向形成权，其典型情形是合同。当事人之间可以签订合同，符合授权的合同条款（有效的合同）也可以创造出适用于当事人之间的行为规范，制定法和合同都构成了请求权基础。但在合同义务的来源上存在争议，具体来说存在两种学说：一种是自治理论，其认为通过合同承担义务是一种自然的、先于任何法秩序的权利；另一种是授权理论，其认为合同具有法律拘束力只能基于法律授权。本书支持后一种观点，认为合同规范本身也是法秩序的一部分，也要得到制定法的授权，接收制定法的审查。私人自治只是一种法政策上合乎目的的考量。

综上，法律是一种规范，法律体系由法律规范组成。规范是一种有别于命题的规定性语句，它本身没有严格的真假可言，但不同的规范类型（命令、禁止、允许、豁免）之间具有逻辑推导关系。法律规范可分为行为规范与授权规范（包括主体规范），它们基于授权链条形成阶层构造，其最高的实在法顶点在于宪法规范，而宪法规范的效力来源本身则存在争议。行为规范规定义务，而与义务相对的权利概念在民法领域扮演着重要角色。

四

本书的"方法论"部分并没有对法律发现或论证的方法像通常那样进行体系化的阐述（法律解释、法的续造、裁判事实的形成等）[11]，而更像是一种"思维导图"或者说一份简明操作手册。它包括两部分，即原理（第Ⅰ部分）与操作步骤（第Ⅱ部分）。

（一）

"原理"既涉及学说史，也涉及当下的新想法。民法法系与英美法系尽管以法典和判例法为其代表，但在方法论上的共性却要大于差异。只是民法法系中法律人的作业方式抽象化程度更高，他们善于运用以制定法为出发点的涵摄。制定法的适用涉及解释（也包括对意思表示、合同、遗嘱的解释），而解释构成了法学方法论的内核。

罗马法学家早已论及制定法解释。《学说汇纂》中已涉及法学方法问题的所有方面，但并没有提供

---

[11] 这种体系化阐释的代表可参见［德］卡尔·拉伦茨：《法学方法论》，陈爱娥译，商务印书馆2003年版。

一幅统一的、封闭的图景,词义、意义、位置、语境、传统、理性等要素被不同学者以不同分量来强调。对法律解释方法首先进行系统化的,是德国法学家、罗马法专家卡尔·冯·萨维尼(Carl v. Savigny)。萨维尼在代表作《当代罗马法体系》中区分了四种解释要素,即语法解释、逻辑解释、历史解释与体系解释。语法解释涉及语词本身的含义或语言使用规则,逻辑解释涉及各部分间的逻辑关系,历史解释涉及法律创制时的状态或背景,体系解释涉及待解释的法律与整个法律体系之间的关系。作者认为这四种方法对应于当代方法论中所说的词义解释、语境解释、发生史解释与目的解释,[12]进而指出了萨维尼方法的两个缺陷:一是每种具体的操作方法都可能导向不确定的结果(或没有结果);二是具体的操作方法可能会导向不同的结果(不存在操作顺序)。对具体方法重心强调的不同就导向了不同的学派。作者以两个例子证明了这套解释方法存在的问题。

相比于古罗马和萨维尼的时代,今日之法律解释的任务更加复杂,因为要考虑整个法秩序的统一

---

[12] 能否作这种对应是存疑的,尤其是萨维尼所说的"体系解释"能否等同于当代方法论中的"目的解释"。通说认为在萨维尼的理论中并不存在目的思想。

性和欧盟法的优先性。国内法秩序具有阶层构造，上位法优于下位法是用以处理上下位阶规范冲突的基本准则，而整个法秩序的顶点是宪法，这就要求所有普通法律规范的解释都要合乎宪法，这就是所谓"合宪性解释"。普通法与宪法的这种阶层关系也存在于国内法与欧盟法（以"指令"的形式出现）之间，因而原则上在适用国内法时也要进行合指令解释或合指令续造。但在具体运用过程中，这种方法带来了诸多难题。作者以"奎勒案"为例说明了德国方法论（要求尊重国内制定法的文义与立法目的）和欧洲方法论（要求用欧盟指令去判定国内制定法条款的效力并进行续造）之间的冲突。以上所说都证明，法律解释方法无法导向一种唯一正确的结果，一切解释技艺都有其界限，对于有争议的问题大多时候恰恰只能以主观的方式回答。此时需要运用"论题思维"，而非"体系思维"。当然，即便如此，也不能放弃去寻求有疑问之问题的解决办法，而应当穷尽既有之可能的努力。

（二）

在上述想法的基础上，作者提炼出了学生们学习方法论时通常应当采取的四个步骤：找到制定法、查阅制定法、阅读文献与司法判决、自行决定。

1. 找到制定法

法学任务的起点，是在确定相关案件事实（及问题）的基础上找到相应的制定法。事实中充满了问题，问题通常包括三个方面：一是确认主体，有多少人和哪些人参与了事实的发生？二是确认事件经过，最好确立一个日期与事件的清单。三是提出精确的案件问题，在民法中问题围绕请求权展开——"谁要向谁主张什么？"，在刑法中则要析取出每个主体的可疑行为部分（具有刑法意义的单个行为）。当存在多个问题时，就要进行排序，这种排序一般按照重要性程序来进行。在提出案件问题的前提下，出于对其法律后果的追问，就要去看具体的事实是否与某个法律规范中的抽象构成要件相匹配。而法律规范的搜寻不是一件孤立的事，需要在整个法律体系中进行定位，此时要关注制定法的内容目录，有时要使用内容索引。如果有多个看上去相匹配的规范，就需要对这些规范进行排序。这就涉及这些规范间的关系问题，即体系论。

2. 查阅制定法

作者在此提出了阅读制定法规范的六个建议：

（1）要慢读，不放过任何语词和标点符号。

（2）要注意构成要件与法律后果之间的停顿，弄清楚某个表述究竟属于构成要件部分还是法律后果部分，或者是否没有任何法律相关性。

（3）要弄清法律规范构成要件的逻辑结构，弄清"和/或"（合取式/析取式）、"如果……那么……"（条件式）、体系关系等。

（4）要确定构成要件特征之最合乎实情的顺序，一般情况下要将对主体要素的检验放在客观要素之后，但这需要依据个案情形来确定。

（5）要注意语境，也即是注意前后文条款、规则-例外关系、规则-例证关系、参照链条等。

（6）要大量频繁地阅读制定法，这是个苦功夫，但却是法律人的基本功。通过这套教义性的功夫，学生们就能比较牢固地掌握制定法整体，形成自己的法感与前见。

3. 阅读文献与司法判决

在找到了一个相匹配的制定法条款后，还要查阅相关的文献（如"评注书"）和司法判决。我们可以从评注书中了解到通说和不同观点，我们可以对经典案例进行区分辨异并提出合适的解决办法。这种训练不仅是为了解决特定问题，也是为了更好地了解法学的风格。

4. 自行决定

在经由了上述步骤后，我们面对争议问题时往往仍可能具有各种选项，此时就要由自己来作出决定。这一方面让人感到高兴，因为我们可以不受权威拘束，另一方面也让人感到不快，因为我们无法确定究竟哪个选择才是"对的"（负担在我们自己身上）。决定可能是半开放的，也可能是自由的。在半开放的决定中，任务线索和通说都可能构成可以依赖的对象，这也是初学者所青睐的方式。但法学训练的目标在于自由决定，即尊重个体（如法官）的主观性。方法论要保障法官的独立性，尊重这种自由的要素，从自由的决定出发作出一个有拘束力的决定。自由的另一面是责任。法律人（法官）不仅要自行作出决定，也要对作出的决定进行证立——提出理由来证明"为什么"如此决定。决定是主观的，但证立必定是客观的。论证不能基于情感，必须尽可能真诚，词义、语境、发生史、目的、论题都是可用以证立决定的依据。最后，作者以"谋杀家庭暴君"案为例进行了说明。

五

如果说规范理论涉及对法律规范的描述和分析，方法论涉及对法律规范的适用的话，那么法政治学（法政策学）涉及的就是对法律规范（制定法）的评价和完善。制定法形成于政治过程与政治意志，取决于政治立场。当然，正如作者所指出的，方法论（法律解释）与法政治学之间的界限是模糊的：对于制定法的价值立场会很自然地延伸至法律解释的领域。给出制定法与制定法解释是同构的，在某种意义上方法论最终也属于法政策学的一部分。

法政治学的任务在于归纳提炼出立法和教义学革新的主导性理念（目的、意思），理念受政治立场的影响。作者在此归纳出了五组相互对立的政治立场：无政府主义 vs. 其敌人，自由主义 vs. 国家主义，民主主义 vs. 权威主义，平等主义 vs. 差别主义，强硬（鹰派）国家主义 vs. 柔性（鸽派）国家主义。在这五组立场中，每一种立场都对一个问题做出了不同的回答。作者接下去花费了相当大的篇幅在这些相互对立的政治立场上。

1. 无政府主义 vs. 其敌人

究竟是否应该存在一种国家和法的秩序？持否定回答的是无政府主义者，而持肯定回答的是无政府主义的反对者（大多数人）。无政府主义在法政策学上主张取消一切法律，它在这个问题中体现得最明显：人们是否有义务去服从一部有问题的法律。最典型的事例就是作为西方（法）哲学开端的苏格拉底（Sokrate）的审判。[13]公元前400年，哲学家苏格拉底因为不敬神和腐蚀年轻人的罪名被雅典公民判处死刑，在等待执行死刑期间拒绝了好友克力同（Kriton）安排的逃亡，最终慷慨赴死。在他拒绝逃亡的理由中，最重要的是，自己终其一生没有离开过本可自由离开的雅典，而这就相当于与雅典城邦之间订立了一份契约，契约最重要的内容是服从它的法律（及裁判）。[14]因此他会说，守法是公民最大的美德，哪怕这个法是恶的，由此抵挡住了无政府主义的蛊惑。但公民对于国家和法律的服从并不是没有条件的，苏格拉底开出的条件就是公民有离境自由，而国家的法律不禁止这么做。这又导致了一个问题：国家是否有权强制性地留住其公民。大多数国家的法秩序对此都有所保留，也就是要对那个国家的法律本身作出判断。此间最著名的就是拉德布鲁赫公式，它赋予了在特定情形下解除与正义相冲突之法律的拘束力的可能。[15]这成了后来著名的"柏林墙射手"案的支柱性论据。

---

〔13〕 可以参见［美］斯东：《苏格拉底的审判》，董乐山译，三联书店1998年版。

〔14〕 可参见［古希腊］柏拉图：《游叙弗伦 苏格拉底的申辩 克力同》，严群译，商务印书馆2003年版，第109页。

〔15〕 可参见雷磊编：《拉德布鲁赫公式》，中国政法大学出版社2015年版。

2. 自由主义 vs. 国家主义

国家和法究竟是少些好还是多些好？认为少些好的是自由主义，而认为多些好的是国家主义。这两种立场的代表可以追溯到古希腊的两位著名立法者，即梭伦（Solon）与吕库古（Lykurg）。斯巴达立法者吕库古秉持国家主义的理念，他认为政治的启发在于平等的理念，因而采取了一系列保障平等的措施（有的不成功）：广泛的土地分配、干涉货币政策、抑制奢侈之风、贯彻教育纪律、禁止出国旅行（防止受异质观点的传染）等。雅典的立法者梭伦与此完全相反，他让雅典人享有私有财产权，可以在此范围内自由选择生活方式，造就艺术和科学的繁盛与多样化。柏拉图（Platon）对于雅典式的自由主义表达出了深深的忧虑，在他看来，过度的自由会造就"懒汉和穷人"，是非不分、精神骄纵。当下的德国法秩序更倾向于自由主义的类型，因为它在很大程度上将"对幸福的追寻"留给每个人自己去实现。势力均衡原则（反映为"共和国"这一政体）同样可以用来确保公民的自由。这可以追溯至古罗马共和国及其制度设计（两位执政官、两位护民官），以及孟德斯鸠（Montesquieu）的权力分立思想。《德国基本法》遵照了这种分权原则。

3. 民主主义 vs. 权威主义

国家更多应该自下而上来确定还是自上而下来确定？认为更多应当自下而上来确定国家的是民主主义，而认为更多应当自上而下来确定国家的是权威主义。民主意味着人民的统治。在历史上，是亚里士多德首先对国体进行了较为完备的划分——君主政治及其变种僭主政治，贵族政治及其变种寡头政治，民主政治及其变种暴民政治，并积极为民主制度辩护。他认可民主，但并不认为要赋予人民以最高权力，即实行完全意义上的民主。他一方面主张人民享有司法权，另一方面又主张公共职位（官员）只能向专业人士（如政治家）开放。在今天，这造就了政治活动中民主性与专业性之间的紧张关系，也可能会导致一种"民主的悖论"：人民以民主的方式将一切统治权都交给独裁者。希特勒（Hitler）的上台就是典型例子。因此战后德国对于民主一直保持着某种警惕性，这既体现在许多制度设计对暴君式民主的远离，也体现在基本权利（自由主义）对于民主的抑制。尽管如此，民主化进程在西德不可抑制，在工厂、企业、大学中随处可见。

4. 平等主义 vs. 差别主义

应当促进还是限制民主国家所固有的平等倾向？认为应当促进平等倾向的是平等主义，而认为应限制平等倾向的是差别主义。柏拉图最早阐释了后来为共产主义所赞扬的平等主义，他认为在完美的国家中，公民间不应有财产上的差别，因此要取消私有财产制。相反，亚里士多德维护私有财产制，认为社会的进步需要以承认私人的需求为动力，而承认个人需求就无法产生一个共产主义国家。私有财产会造成不平等或差别，但财产本身并非天然的恶，恶的可能是它可能会造成差别这一手段性的功能，所以可以通过财产的收益来施惠于他人，但平均主义倾向本身是危险的。此外，平等主义也体现在为妇女权利而斗争的运动中。

5. 强硬国家主义 vs. 柔性国家主义[16]

国家对于它的敌人应当像鹰派还是鸽派那样行为？认为应当严厉制裁其敌人的是强硬国家主义，而认为应当持宽容态度的是柔性国家主义。对理想国体的追寻会造成国家的动荡和法秩序的变迁，有的国家（认为自己找到了最理想的国体）会动用一切力量去阻止任何对现有宪制的改变，而有的国家（如德国）会比较宽容并通过程序性规定来对待修改宪法的建议。这涉及如何对待国家的敌人（对国家的抨击）的问题。法治国禁止动用赤裸裸的权力去

---

[16] 这组称呼并非来自作者的原文，而是译者的概括。

对待敌人，它要求国家在采取一切行动时都要受法律条款的约束，即通过法律来约束保障法的效力的国家权力本身。喀提林阴谋中西塞罗（Cicero）与凯撒（Caesar）的对立意见反映的就是反合法性原则与合法性原则（罪刑法定）之间的冲突。虽然在这一事件中西塞罗取得了胜利，但最终西塞罗自己因为一部违反合法性原则（溯及既往的）法律而被流放。

在阐述完这些（法）政治学上的对立立场后，作者以"正义"这一法哲学上的永恒主题作结。正义是一种法的属性，体现在许多制定法的一般条款之中。亚里士多德关于交换正义与分配正义的区分构成了使得正义体系化的重要努力。[17]但相对主义的拥趸们不断质疑正义的可能，这带来了灾难性的后果。法律上还是要肯认一些最基本的权利（价值）：信息自由、公开，思想自由，出境自由，禁止刑讯。人权构成了正义的基本内核。

法政治学这部分应当是本书最有特色的部分。一方面，将法政治学纳入"法理论"之中本身就非常见之事。在一般的著作和教材之中，法理论只包括法概念论与法学方法论两部分［甚至像普佛尔滕

---

〔17〕 可参见［德］迪特玛尔·冯·德尔·普佛尔滕：《法哲学导论》，雷磊译，中国政法大学出版社2017年版，第140~141页。

(Pfordten)那样,将法理论完全等同于法概念论,而不包括法伦理学。而本书不仅将作为法伦理学之组成部分的法政治学纳入了"法理论",还花费了重要篇幅。另一方面,本部分归纳出五组相对立的政治立场,并辅之以大量的(可追溯至古希腊和罗马)]的资料、实例,具有较强的可读性。这在其他法理论(甚至法哲学)的著作中并不常见。

六

法国社会学家迪贝(Dubet)曾言,社会学就在社会里面,存在于社会生活的每个缝隙。[18]我们也可以仿照说,法理学就在法里面,存在于法律活动的每个缝隙。既然它能带来智慧与理性,那么向学生多教点法理学就是件好事。但是,教什么、怎么教,却是一门学问。从这个角度看,本书名副其实,是一本比较成功的"写给学生的"简明法理论教科书。这至少体现在三个方面:

1. 充分利用了经典学说

虽然本书也不乏对相关理论的反思,并穿插有

---

[18] 参见[法]弗朗索瓦·迪贝:《社会学有什么用?》,陈艳译,外语教学与研究出版社2013年版,第53页。

作者个人的观点（无可避免！），但大体上在各个部分和主题上都贯穿以经典学说。诸如柏拉图、亚里士多德、边沁、萨维尼、凯尔森等，信手拈来。列举经典学说的目的不在于炫耀作者本人的学识，而在于让学生们明了各个主题上有哪些绕不过去的代表性观点和主张，哪怕作者个人并不赞成它们。这既需要有广博的学识和长时间的积淀，也需要作者抑制个人的表达，驾轻就熟，举重若轻，以显现"教材"的初心。

2. 善于运用相关案例

向法理学的初学者传授（启迪）法理学的基本问题意识和学说无疑是一件比较困难的事，尤其是当学生们还没有摆脱具象的经验知识，学会抽象思维的时候。较有经验的教师都知道，为了能让学生们更快地明白法律现象背后的"道理"，长时间停留在抽象理论的层面效果不会太好，而举例子是一个不错的方法。本书就运用了大量的例子。这些例子中大部分是来自于民法领域的实例或案例——领域限制当然与两位作者本人的专长有关。尤其是方法论部分，通过实例演练，学生们较快就能学会运用法学方法的操作步骤。而现实的复杂性也告诉学生，实际案件永远不是能预先跟理论完全匹配好的理想类型，方法也不是一用就灵的妙药。另也有例子来自于历史上的著名事件，如苏格拉底之死、喀提林阴谋等。这些例子情节曲折，寓意深远，启发学生们去自负其责地承担思考的负担。

3. 本书头尾在内容上也彰显出了教材特色

本书列明了"文献提要"，分"一般法理论"、"一般法学说"、"科学理论"、"规范逻辑"、"规范逻辑与民法"、"法学方法"、"论证理论"、"法政治学"、"法哲学"九个部分，[19]向学生推荐了法理论的94种文献（这些文献涵盖广泛，部分已经有中译本，译者已在本译本中予以列明），以便检索作进一步扩展阅读。[20]在书末则附有三块内容：一是从本书第一部分"规范逻辑"中归纳提炼出的36个核心命题（德国大学中称之为"Lehrsatz"，即"教理"），以便于学生复习掌握；二是书（第一、二部分）中插入有7个问题，考察学生的相关知识点，书末则附有对这些问题的参考答案；三是按照国别列明了法理论的经典作家，其中有的在正文中出现过，有的

---

[19] 要注意，这一分类在逻辑上并非十分严谨，更多是出于便宜和与本书结构大体对应的考量："一般法理论"、"一般法学说"属于概论，"科学理论"对应于"科学理论导论"，"规范逻辑"、"规范逻辑与民法"对应于第一部分"规范逻辑"，"法学方法"、"论证理论"对应于第二部分"方法论"，"法政治学"、"法哲学"对应于第三部分"法政治学"。

[20] 出于阅读习惯的考虑，中译本将"文献提要"移到了全书的末尾。

则没有。

可见，与德国学界常见的大部头法理学专著不同，本书具有强烈的"学生友好型"（students-friendly）色彩。正如两位作者在"前言"中所言，本书既能充当"案头工具"、又能提供"通识教育"，是比较合适的法理学入门书。

科学理论导论

1. 什么是"理论"?

"法-理论"这一表述由两个组成部分,我们将首先来澄清后者。

在一切科学中都存在可作为可靠认知工具的理论。

因而我们的出发点在于,致力于认知的科学家拥有或能获得一系列他们所感兴趣的独立**对象**——无论是草履虫、冰岛传说、微型行星还是(社会学意义上的)小家庭。他要么通过直接的感官察知,看和听;要么借助于技术性辅助手段,如电子显微镜,对这些对象进行**观察**。他可以简单地记住这类观察,如果要更专业一些,他也可以措辞精确地将它们(以文字的方式或用磁带录制)记录下来,对于后者，今日之科学学说引入了专门的表述"**报告**"[（*Protokoll*）、报告数据记录（*Protokoll-Sätze*）]来称呼。

由于上述对象的数量常常十分庞大，关于它们可能之报告语句的数量绝对是无穷大的，所以必须要对这些报告数据记录加以整理和简化。最简单的做法是，确定诸多对象相同的（不变的）属性，并以一般形式（"所有……都是……"）来记录它们。自然对象最清晰地显现出了其属性中的这种不变性。例如，行星——这对于我们来说是幸运的！——会不间断地匀速运转。如果要用高度有益的一般形式（公式）来描述同类现象的话，我们就可以将它说成是**自然规律（法则）**。

> "规律（法则）"（Gesetz）* 这一表述会经常出现在法理论的教科书中（意义不同）。自然规律（法则）与法的法则（Rechtsgesetz）之间有什么样的相同之处和不同之处？——年龄也是我们的法学用语（希腊语：nomos，拉丁语：lex）。

在此，自然规律（法则）究竟是以简单的语言形式（"青春期始于成年男性……"）还是以数学形

---

* "Gesetz"一词在法律语境中一般指"制定法"。——译者注

式（s=g/2 t，这适用于一切自由落体）出现，并不重要。数学——一如既往地——不会带来新知，而只会简化它。

即便是自然界也依照**（自然）法则**来运行，这是一种古老的、在人类史上广受欢迎的观点。但能否实现真正的确定性却通常是成问题的，大卫·休谟（David Hume，1711~1776年）对此最为敏感，他宣称，将从（在同类情境中的）1000次事件中归纳得出的结论随之适用于第1001次事件——这是对的——在逻辑上是站不住脚的。[1]从那开始，我们知道，我们的自然规律（法则）与统计学规则差别不大，它们只是代表了100%之可能性的临界情形。自然规律（法则）从来就不是**可证明的**（*beweisbar*），人们只能通过偶然的观察或方法上有计划的实验来说明[**证实**（*verifizieren*）]，例如被放开的石头会加速下落，而非像亚里士多德所认为的那样匀速下落。相反，对于某个被声称的自然规律（法则）（=法则假说）在理论上予以反驳的成本是很小的：只需举出一些与之矛盾的例子就可以了[证伪（falsifizieren）[2]]。**例外不是在确证规则，而是在反驳它**。波普尔（Pop-

---

[1]《人类理解研究》第7章："必然联系"的观念。
[2] 注意："verum"=真；"falsum"=假：拉丁文是如此简单！也可参见 Adomeit, Latein für Jurastudenten, 5. Aufl. 2009.

per）尤其要求一位以批评性姿态来作业的科学家[3]如此来表述他的法则假说，以使它们具有被轻易证伪的可能性——而不是使它们免于证伪。在科学著作中被接受为法则的东西，只是在迄今为止的检验中尚未被证伪的东西；此外无他。我们站在薄冰之上。

但毕竟掌握自然规律（法则）——正如我们的技术领域所显现的——是**有用的**。在科学理论上，这些用处可以被分解为两种现象形式。一是**说明**：A发烧了。如何说明它？现在是十一月份。流感病毒在城市中肆虐：A被感染了。这个意外事件符合医学教科书的说法。二是**预测**：S国建造了一座原子能发电站。举国上下都将陷入惶恐之中（社会学家如是说）。在未来100年将至少发生一次核事故（物理学家如是说）。

不同学科曾以不同的方式广泛利用这种预测的技艺。早在原始时代就有了无与伦比的天文学：米利都的泰勒斯（Thales）早在公元前585年就在天变黑之前预言将发生日食。在其他情形中，预测很大程度上则是件凑巧的事：在气象学中，在国民经济

---

[3] 以批评性姿态来作业的科学家会特别精确和亲切地来处理与他的观念**不相匹配**的事实或论据。

学中，在医学中（也在与我们更相关的法学中："您根本就不会败诉！"）。

此外，对于法学而言，用自然规律（法则）进行说明和预测并不是陌生的领域。对于刑事法官来说，至少可以免于由于不断变化的案情要一再去熟悉新的领域。这里存在着自然规律（法则）的第三种适用情形：**证明**＝嗣后的预测。例如，从被告人手上的（击发后的）火药残余可以推知，被告人开了枪。

此外，因为自然对象中存在着很多令人愉悦的不变性，所以自然规律（法则）的数量就令人不快地庞大，而科学认知与阐释的任务就要求进行一种更强有力的归纳。假如成功地使得一系列法则都服从于统一的原则（继而从中可以推导出其他当然仍需被证实的法则），那么人们就称之为**理论**。如从万有引力理论可以推导出所有具体的落体定律，从圆锥曲线理论可以推导出诸如关于圆周的规则，从进化论可以推导出各种各样的生物学规则，从爱因斯坦的相对论可以推导出一系列法则，由于缺乏合适的观察器械，对它的证实（证伪？）只能逐渐实现。

这就导致了如下关于理论的发展图式：

| 对象 → 观察 → 报告 → 法则 → 理论 |

（请思考：各个箭头如果反过来，其含义分别是什么？）

2. 什么是"法"？

那么，法学（法律科学）——在科学体系中——的位置何在？让我们去追问它的研究对象！法学家处理的是什么样的对象？人们很难来研究缺少外形的法（单数意义上的"法"），而只能来研究具体的法律现象。但某个现象（这一不确定的表述在这里是不可替代的）究竟是否是一种法律现象，也即成为法学合适的研究对象，这一问题会遭遇极大的困难，而这在其他学科那里是闻所未闻的。伊曼努尔·康德（Immanuel Kant）曾不无恶意地写道："法学家们仍在探求法的概念"，尽管我们可以搜集到一大批定义。例如：

◎ "法通过命令（包括禁止）和允许调整着人类的共同生活……（例如对财产权和其他权利的允许）。" [Enneccerus – Nipperdey, Allgemeiner Teil des Bürglichen Rechts, Band 1, 15. Aufl., S. 196 (1959).]

◎ "法是优势者所颁布的规则（或规定、原则），据此来校准人类的行为以使得其公正；或据此来判断行为的好坏、合适与不合适。"［Georgi Adami Struvi, Jurisprudentia, 10. Aufl. 1710, Lib. I Tit. II = "小施特鲁韦"（歌德）= 18 世纪的阿尔卑斯人。］

◎ "法律要被定义为宣告（被认为或采纳为）一个国家的主权者之意志的符号集合，它涉及特定人或一群人在特定情形中被观察到的行为，他或他们在此情形中服从于，或被假设服从于主权者的权力。"（Jeremy Bentham, Of Laws in General, etwa 1780, S. 1.）

◎ "法：国家所确定的人类行为规范的体系，它以有约束力的方式将既有的财产关系和经济上、政治上占统治地位之阶级的利益固定下来。"［Kleines politisches Wörterbuch, Berlin（Ost），1967.］

显然，这些定义之间并不一致，并没有解决界定的问题："定义"终结了界分。

a) 法与制定法

如果有人问法律人之外的同时代人，在哪里，又如何能找到法的入口，那么他首先会被指引去看

制定法。一部法典或法律汇编（就像你们手头的"谢恩菲尔德系列"）包含着法（如果终归包含着某些东西的话）。好处在于，有别于自然科学家的研究对象，制定法并不是哑巴，而是已然以语言的形态出现了。只要法学家有能力准确地抄写和朗读制定法，他就可能已经完成了他的任务。所有其他的语言或许都是多余的和非法的［(il-legitim) 在这一表述最真实的意义上］。

对制定法的评论可能是非法的，这一想法听起来可能很荒谬。但历史上伟大的立法者们——优士丁尼（Justinian）、腓特烈大帝（Friedrich II.）、拿破仑（Napoleon）——都曾试图严肃地在他们的作品中贯彻这一点——当然都没有成功。

> **问题1**：这些作品指的是哪些？（答案请见第268页）

出于不同的原因，制定法需要评论，必须对此进行探究。一个原因是，制定法通常不好理解。古老的制定法会使用过时了的表述。即便是今天的立法者也愿意使用没有人用的语词［如"unbeschadet des …"（尽管……）］。法学的门外汉们很多时候无法理解制定法。[4]除了精确的制定法概念外,还有许多量化的制定法概念("满18周岁"),大量不精确的制定法概念,直至诸如"诚实信用"这类一般性条款。而关于某部不精确制定法的命题:

"这部制定法是不精确的!"

尽管是个真的命题,但却不令人满意,也不构成终止之语。(另一方面,有疑问的是,立法者之外的其他人如何能够使得立法者的一个不精确的语词精确化。)

更尖锐的情境是制定法中出现了矛盾之处,或者缺少一个根据事实关联必须出现的规则("**漏洞**" = "**违反计划的不完满性**",也可参见第149页)。有大量的生活领域即便没有制定法也必然能应付(如劳动争端),但却不能没有法。

此外,有的制定法尽管在字面上存在,但却是"过时的",也即被遗忘了,不再被使用了。如早先的一部客运法禁止出租车司机与乘客交谈,否则要被罚款,但数以万计的这类交谈在发生且没有遭受

---

[4] Limbach, Die Sprache muss das Recht verständlich machen - Sprachzucht als Beitrag zur Demokratie, ZRP 2010, S. 61ff.; Schnapp, Warum können juristische Laien Gesetze nicht "verstehen"? Jura 2011, S. 422ff.

罚款：这个条款是"法"吗？继而人们也知道，制定法可能会被宣告为违宪，因而不被适用，从理论上讲没有人能确知制定法规范会不会遭遇这样的命运。最后，其他国家或过去时代的制定法可能被称作是**"不法的制定法"** [(*Unrechtsgesetze*) 如纳粹的《德意志血统和荣誉保护法》[5]]，尽管它们在形式上是以合乎秩序的方式被公布的。故而有制定法并不等于有法，而是意味着它的对立面：**不法**。前东德边防法就被裁定如此（BVerfG, NJW 1997, 929）。故而我们毫无理由将制定法看作是法学（唯一的）研究对象，甚或主张"制定法与法"（德国基本法第20条第3款）的同一性。两者之间存在着某种必要的批判性加工的过程，不作删除、延续和补充（以专业语汇来说：限缩、解释、法的续造）就没法进行这种加工（第152页）。

b）法与法学

这种批判功能是法学所期待的。站在法学院书架前或通过查找相应的在线（学术）成果去寻求法的做法并不完全是误导人的。尽管这里找到的不是

---

[5] RGBl. I (1935) 1164；关于纳粹时代对犹太人的迫害参见 Fiedländer, Das Dritte Reich und die Juden, 2. Aufl. 1998/ 2002；简略本出版于2010年。

法而是法学，但法学所报告的就会成为法，难道还有别的可能么？

只是学院图书馆的使用者立马会陷入困境。不同的书会给他不同的答案，这些答案通常是相互矛盾的。这样一来，**争议的问题**和思想间的斗争只是表明了一门学科鲜活的现状。《伊利亚特》的作者是一人还是多人，柏拉图书信集中所有的书信是否都是柏拉图所撰，是否真的发生过大陆漂移，基本粒子的数量、地球的年龄、全球变暖的原因（本身也是事实！）以及许多其他不可预见的问题都是有争议的。

但法学上争议的问题在类型上与我们的语文学家和物理学家争议的问题有所不同。尤其是在自然科学中有争议的问题原则上是可以得到澄清的，假如没有希望通过新发现的事实或经改进的研究方法来对这一种或那一种观点进行**证明**，人们就不会来争论它们。对原则上无法澄清之事进行反思，被认为是不科学的冥想。

相反，在法学中[6]看不出，一位教授能提出什么**证明**来支持他有争议的观点。（立法者也不能。一

---

[6] 参见 Canaris, Funktion, Struktur und Falsifikation juristischer Theorien, JZ 1993, S. 377ff.

部新的制定法颁布后，法学上的讨论并没有被取消，反而争议更大。[7] 他的观点能够自我"贯彻到底"，假如它赢得了很多的拥护者，并且它的对手疲于为其立场辩护的话。对于实践活动而言，有必要知道，某个**观点**是否"代表了普遍意见"，或至少"是支配性的"、"主流的"——因为有谁会将他的行为基于"少数观点"呢？

但在科学理论上，根据被接受的程度进行分级的做法是无关紧要的。真理是不可能通过表决来获得的，只有意志目标，就像立法团体中的那种，才需要表决。法学通过吸纳可表决的要素来替代它所缺少的可证明性，这就不得不使我们做出这样的假定：法学不（仅）涉及对真理的认知，而（且）涉及意志决定。因此人们可以更准确地称之为**法教义学**（*Rechtsdogmatik*），而非法学（法律科学）[8]。否则人们就必须将法律人视作所有科学家中唯一全知全能的了。所有物理学家都会毫不迟疑地同意，在他的领域内存在着许多不可解答的问题，这要比可解答的问题更多。与此形成尖锐对立的是，没有

---

[7] 根据 Kirchmann, Die Wertlosigkeit der Jurisprudenz als Wissenschaft, 1848 的观点，"立法者大笔一挥，整个图书馆都将变成一堆废纸"，S. 23, Ausg. Klenner 1990.

[8] 关于此参见 Jestaedt/Lepsius, Rechtswissenschaftstheorie, 2008.

什么不可解答的法律问题。[9]因而法律问题的难题不在于没有答案,而在于人们拥有太多不同的答案,且不知道应该支持哪一个。

c) 法与法院

最容易看到的是**司法判决**。如果说关于法的其他所有命题都缺乏可证明性的话,那么这在司法判决那里则会通过权威得到弥补。每份判决书的内容都将"如法所认为的"(für Recht erkannt)作为其开篇的格式,通过具有双重意义的"für"*将拟制的观点如同非拟制观点那般嵌入了其中。**既判力原则使得判决——除了再审等极少数例外——不可被攻击;(法院)执行员和拘留所使得判决的执行在制度上得到了确保。实践中,如律师提供的咨询意见,有很好的理由去遵守最高法院的司法判决。即便是一个仅仅从这些要素中发展起来的法教义学体系,也可能站在厚实的土壤之上。

---

[9]《法国民法典》甚至威胁想要退出裁判的法官:"审判员借口没有法律或法律不明确不完备而拒绝受理者,得依拒绝审判罪追诉之。"(第4条,禁止拒绝裁判。)

* 在德语中,"für"既有"为了"的意思,也有"支持"的意思。——译者注

** 作者这句话的意思是,通过"如法所认为的"这一开篇格式,法官将自己的观点打扮(拟制)成了"法"本身的观点。——译者注

尽管如此,在此因为认为已获得最终的成功,而终结对法的寻求,这却可能是错误的。对于具体诉讼而言,司法判决的确是说了算的,但对于抽象的法律问题(它在诉讼中被激活)却非如此。判决要经受批评。通常只有当一份联邦最高法院的判决公开后,学术讨论才开始爆发。最后可以想象这样一个层级,每份判决都以其名义发布:人民,也即判决"以人民的名义"来发布(《民事诉讼法》第311条)。

d) 法与公众

现在我们会听到有人谈论社会,或至少谈论**公共意见**,这里也包括被公开发表的观点、日报、电视。它们甚至自我命名为媒体——medium(拉丁文)是居间的意见——也即是自我主张,充当社会整体与接收者之间的媒介。尽管司法诉讼以大相径庭的方式发现公共利益,并出于不同的动机去发现公共利益,但——这也是法院组织法所规定的——公众的确作为真实或假想的听众,在论证和裁判之前对司法判决施加着影响。今天,网络为公共意见的表达提供了全新的可能。关于法律问题,不仅法学家要发声,而且外行人——更好的说法是:公民——

也感到自己被涉及、被挑衅，被呼唤加入进来。关于法律问题争论的激情（偶尔会升格为狂热）只有在关于政治问题的争论（这并非偶然）中才有一比。人们想要知道，什么是"公正的"（善和恶）、自然的、直接的、无需通过制定法或法律书籍作为媒介的，他们通常能比深思熟虑的法学家们更快提供答案。

在人类的认识能力中可以看到进一步的、其幅度在今天不可估量的跳跃：该隐不仅打死了他的兄弟亚伯——类似的事情发生得够多了——而且他做了某件他不**应当**做的事。[10]从而人类行为的世界获得了某种模棱两可性。应当发生之事（Geschehen-Sollen）的层面与发生之事的层面存在张力，且不允许与所有存在者进行简单的调和。古犹太人的圣经传说将此与原罪联系在一起，后者是由于吃智慧树（的果实）而形成的。因为蛇曾承诺享用果实的后果是：

> 你们将会变得像上帝那般知善恶（1. Mose 3, 5）。

也即是：吃了智慧树的果实后，规范性降临了世界。事实上（从此之后）没有人能再剥夺这种双

---

[10] 对于摩西十诫深层的解释参见 Thomas Mann "Das Gesetz", 1944.

重视角。即便有谁赞同谋杀［这正是恐怖分子乌尔丽克·梅茵霍芙（Ulrike Meinhof）* 想要的："……当然可以被射杀！"］因而极端远离社会的主流观点，通常也会认为其他人的其他行为是侮辱性的，并通过这种态度承认规范性的基本原则。

因而**自然法**思想拥有一种最现实的心理学根源。"正确法"（richtiges Recht）的观念可能在内容上离正义是如此之远，以至于它们只能通过类型学来把握，[11]它们的存在是共同的人类学财富。每个并非完全内在的对于判决和制定法的批评都重新激活了它。可以轻易发现，在民主国家中，关于政治选举和形成多数的正义观念同样支配着**立法者**（！）。因为选举所面对的不外乎是通过党派和委托人来代表的内容上分裂的立场。

e）相互作用的模式

到此为止就功德圆满了。我们刚才提出了四类受众，从他们那里可以获得关于法的诸种信息：①立

---

* 乌尔丽克·玛丽·梅茵霍芙（Ulrike Marie Meinhof, 1934～1976年），德国左翼恐怖分子、记者。1970年，她创建了左翼恐怖组织红军派。1972年被捕，并被以谋杀罪和与犯罪组织有关起诉，定罪在狱中上吊自杀。——译者注

[11] 对此参见 Zippelius, Rechtsphilosophie, 6. Aufl. 2011, S. 74ff.

法者及其制定法；②法教义学者及其著作；③司法及其裁判；④民众及其观点。

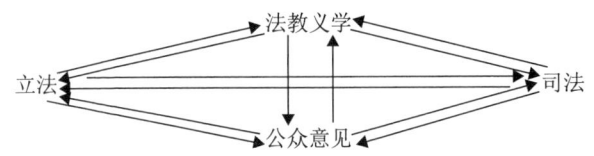

这四个层级中的每一个都以不同的方式和不同的强度影响着另外一个，但都是以（共同）决定的方式来施加影响的。(请您自行检验这 12 个箭头中的每一个!) 以这一模式为基础的命题认为：除了提到的这四个之外，不存在其余构造法律的直接要素。

从何处开始搜集信息原则上是无所谓的，只有当遗忘了其中一个层级时才会犯错误。"法"或"法秩序"这一产品来自所有层级的复杂共同作用，这些作用是以影响和反向影响的方式来进行的。一些人喜欢将这一过程称为控制论式的，虽然它恰恰是在没有舵手（控制者）的前提下运作的。[12]

法秩序绝非是系统上封闭的，它要经受**不断的变迁**，没有人能得窥它的全貌甚或将其展示出来。如果从搜集而来的某组信息集合转向下一组信息集

---

[12] 作为当时被认为很重要之控制论法理论的例子，可参见 Ballweg, Rechtswissenschaft und Jurisprudenz, Basel 1970.

合，前一组马上就会变得不再相称。一些变化甚至无法被观察到，比如令人惊讶地转向能在司法判决中发挥作用的公共意见（"变迁了的法律观"）。当这些层级相互之间发生冲突及其内部发生冲突时，忠实地根据法作出回答通常只是意味着"当时无法被查清"。无论如何，人们要区分确定的命题、半确定的命题，以及需要特别谨慎对待的可行命题。法律**咨询的实践**离开这种分级是没法进行的。

> **问题2**：相互作用模式的四类受众对应于四种理论立场：①制定法；②法学家法；③法官法；④民众法。它们各自要被理解为："所有法的都是……"它们各自的主张者是谁？又是在何时被主张的？（答案请见第268页）

f) 教义学的任务

最大的困难在于，对法律现象的观察总是会被**染上观察者的主观性**色彩。因为法律观（这个表述要优先于语言上被耗尽了的"法感"来被使用）不仅常人有，而且以更强烈的、渗透性的和方法论上受控的方式支配着法教义学者。人们说，一个好的法官拥有好的**判断力**，而这就是具有说服力之裁判的观念，它独立于一切制定法和教科书的知识，是一种天赋。没有这种天赋就无法想象能有运转良好的司法系统，即便制定法堆积如山也一样（积极意义上的"前见"、作为内化之经验的直觉）。如同艺术一般，在法学中充分展现个体的主观性是值得追求的，是其目标。

对于将自己称作法律科学家，从而致力于满足更高的客观性主张的法学家来说，这只会造成困境。也恰恰在他身上有一种强有力的倾向，即将他想要其有效的东西承认为法，而教义学者能够（也可以！）成功地依照自我应验之预言的方式来满足自己的这个愿望：通过从文字上施加**影响**。一本债法教科书同样能改变债法。即便它无法创造任何新的规则，它也能改变规则的确认程度，例如使得某种通说变得不那么流行。与此相反，请您想一想一本鸟类学教科书，它对鸟类世界毫无触动。

关于教义学的效用可以举个**例子**。当鲁道夫·冯·耶林（Rudolf v. Ihering）有一天（大概是在 1859 年）冒出这样的念头——

"依照合同的基本原理，人们要对**缔约过失负责**！"〔13〕

---

〔13〕 Culpa in contrahendo oder Schadenersatz bei nichtigen oder nicht zur Perfektion gelangten Verträgen, Jahrbücher für die Dogmatik des heutigen römischen und deutschen Privatrechts, Bd. IV, 1860, S. 1–111, 由盖伦出版社（Verlag Gehlen）重刊，无年份，附有 E. 施密特（E. Schmidt）的后记。

——时，这是个前所未闻、看起来很荒谬的想法。我如何能违反一个我还没有签订的合同？但不久以后，不知道这一学说的人就在国家考试中碰壁了（今天参见《德国民法典》第311条第2款）。突变发生在何时？有人说：这恰恰是个被发现了的真理。[14]但**法学上的"发现"**不同于发现某个病原体或螺旋星云。假如当时有个对手具有相同的脾性和类似的文字影响力，他能及时指出，这一想法不仅违反体系，而且在评价上也是可疑的（我是否签订合同是我的事——他人可以轻易强迫我进行合同谈判；对于出于错误或欺诈而缔结的合同，随后我可以通过撤销溯及既往地从中解脱出来——但却不能从订约关系中解脱出来），那么这一新的学说就可能经过一段时间的争议后石沉大海了。[15]但它的始作俑者现在可以感到满意了：而正在购物的家庭主妇就可以满怀感激地高呼着"鲁道夫·冯·耶林！"让自己被油毡滚筒撞

---

[14] Dölle, Juristische Entdeckungen, Verhandlungen des 42. Dt. Juristentages 1957, Bd. II 1959, S. B1ff., B 22.

[15] Canaris, Die Vertrauenshaftung im deutschen Privatrecht, 1971, S. 532ff., und JZ 1965, S. 475ff. 曾说明，缔约过失对于私法体系的影响是如何的深远。

倒了。[16]

由此我们清楚地看到，法理论如何区别于法教义学。当法教义学者找到、发展并贯彻了有待寻找的法律规则时，他就完成了任务。**法理论将他的这种工作成果作为研究对象**。（而法教义学的研究对象原本就不是规范，而是法律问题。）杰里米·边沁（Jeremy Bentham）的主要著作正确地点明了这一点——"论一般法律"。它涉及提炼出关于法（法律规则）的一般性命题，关于制定法的法则。法律现象尽管不像丰富的自然那样能显现出如此多的均匀性，但也不像棘手的历史那样显现出如此少的均匀性。"**一般法学说**"（*allgemeine Rechtslehre*）是它古老的、从根本上说更正确的称呼。将所获得的关于法的一般性命题凝结为某个理论，是一种难以被兑现的希望。我们最早发现它在凯尔森的《纯粹法学说》（1934年第1版，1960年第2版）中被兑现了，然而它却付出了惨重的代价，因为这给它带来了讥讽性的谴责——"法律的空洞性"。[17]汉斯·

---

[16] RGZ 78, 239; 也可参见 Adomeit, Der Nicht-Abschluss eines schuldrechtlichen Vertrages und seine Rechtswirdrigkeit als Diskriminierung nach dem AGG, in Aderhold u. a. (Hrsg.) FS Wetermann 2007, S. 19ff.

[17] 参见 Klenner, Rechtslehre, 1972, 它是以现在石沉大海了的正统的马克思主义为视角的。更准确的阐述参见 Adomeit, Rechtsphilosophie, Marxismus und Menschenrechte, JZ 1998, S. 186.

凯尔森（Hans Kelsen）以着重强调的方式将其法学说称为"纯粹的"，这种做法可以回溯到伊曼努尔·康德。后者在《道德形而上学》（1797年）的导论中说道：

> "我们通常必须将人的特殊本质（它只有通过经验才会被认识到）作为对象，为的是向它指明一般道德原则的推论，但同时并不由此使得后者的纯粹性变得有些模糊……"

抱歉？顾及人的本质和主观性会使得**道德法则**变得不纯粹？虽然支持道德法则的唯一证明在于，"每个人……（虽然只是以晦涩不明的方式）"都拥有它们？也许即便是一位普鲁士的国家哲学家也无需如此远离普遍人性吧？

凯尔森在其《纯粹法学说》第1版（1934年）中遵照了康德的指示。他

> "……想要提出一种纯粹的，即清除掉一切政治意识形态和一切自然科学要素的，意识到……其特性的法理论。从一开始这就是我的目标：将法学（它或明或暗地几乎完全沉溺于法政策推理之中）……提升到一种真正科学的高度。为此，要展现出它并非取向于法的塑造，

而是取向于法的认知的倾向，并使得其结论尽可能地接近于一切科学的理想，即客观性和精确性。"（前言）

最后一句话毫无疑问将为每位法理论家所认可。但对于纯粹性计划就有不同了。脱离主观性——泛泛地说即是政治性——的法秩序将毫无动力，死气沉沉。一门关于法的**科学**必然是碎片化的，假如它捏造出一具没有心脏的躯壳的话。（相反，康德曾说："一种纯经验性的法理论就像是一个很漂亮的脑袋，只可惜它没有大脑"。）此外，针对与法**教义学**相反之法政策推理的批评尤其是徒劳的：因为这种非此即彼的选项可能是带有隐蔽之法政策选项的——或更加耸人听闻的说法是，没有任何法政策良知的——**概念法学**。法理论不可以忽略这些要素，假如它想要充分理解"法"的话。我们尽可用马克斯·韦伯（Max Weber）的"价值中立"[18]作为中间路线来替代"纯粹性"。但即便是价值中立也令人误解，因为我们必须常常谈及价值，即便是无政府主义或——与此相反的——集权国家的观念也将忍受偶然

---

[18] Weber, Der Sinn der "Wertfreiheit" der Sozialwissenschaften, 1914, Abdr. Gesammelte Aufsätze zur Wissenschaftslehre, 3. Aufl. S. 489.

的意见表达。对科学性的威胁并非主观性本身——否则就没有心理学和政治学了——而至多是思考者无节制的主观性。无需说明,或——最好!——说明的是,政治本身也是法理论的研究对象,对此本书的两位作者至少与同行吕特斯(Rüthers)[19]的观点是一致的。

---

[19] Rüthers, Zur Auslegungspraxis der obersten Bundesgerichte, JZ 2008, S. 446ff.

第一部分 规范逻辑

1. 规范是什么?

a) 作为法律后果规定的法律规范

一切法秩序都由法律规范构成。我们可以使用如下简单和初始的形式为例:

(1) 你不应当杀人!

规范是依照语法规范用语词组成的语句。它们成于笔端、宣之于口,偶尔则只是被想到。

规范与命题之间存在尖锐的对立。一个语句,如:

(2) 该隐杀死了亚伯。

描述了某事,具有纯粹的**描述性**内容。相反,依照模板(1),一个规范规定了某事(是**规定性的**)。并非所有的规范都如杀人禁令那般以命令句的形式清晰地表明这种性质。但所有法律规范都包含着**法律后果的规定**，它们直接或间接地影响着人的行为。

不应被迷惑的是，一些规范在表面上是以描述语言的形式出现的。一个不受欢迎的住房守则规定：

（3）从 22 点开始是睡觉时间。

可以看出它是规范性的。（请您自行验证改变表述的可能性！）同样，

（4）"人的尊严是不容侵犯的。"*（《德国基本法》第 1 条第 1 款）

并不想要（错误地！）确认某件事，而是想保护我们极易受侵犯的尊严，正如接下去的语句所表明的。相反，

（5）"谋杀者是出于嗜杀、为了满足性欲等目的杀人的人。"（《德国刑法典》第 211 条第 2 款）

这句话本身只是给出了一种描述性的定义（"**实际定义**"），它例如可以在一本过时的犯罪学教科书中被找到。只有借助于

（5a）"谋杀者将被处以终身自由刑。"（《德国刑法典》第 211 条第 1 款）

---

* 该条原文为"Der Würde des Menschen ist unantastbar"，一般可译为"人的尊严不容侵犯"。之所以正文采取"人的尊严是不容侵犯的"这种看上去有些累赘的译法，是为了凸显出该条款表面上的描述性特征。——译者注

也即是一个真正的规范，(5) 才能获得其意义。

定义 (5) 是不独立规范的一个例子——别的例子还有参照条款[1]——这类规范原本只是出于节省表述、为了条理清晰而被使用的。《德国刑法典》第211条的这两款可以很容易就被合为**一个**、当然是冗长的语句。(请您尝试一下！)

[注意！] **法律规范的概念**在法理论的意义上要比具体的制定法定义**更宽泛**！例如，《德国民法典施行法》2条，《民事诉讼法》第550条，《集体合同法》第1条。在理论意义上，合同规则、行政行为的指示也是法律规范，也即是说，个别的法律后果规定、而不仅是一般性的法律后果规定也是法律规范。"法律规范"确定的是最小的单位，所有法秩序都是由它构成的，而法理论也只有借助它才能来操作——就像生物学家借助细胞，化学家借助原子那样。

b) 规范与制裁

所有人都明白，《德国刑法典》第211条是个**刑**

---

[1] 一个特别糟糕的例子是《德国民法典》第437条，它列举了当物存在瑕疵时买方的权利，包含不少于11个参照条款。

法条款。(谋杀同样会带来民法上的后果,即《德国民法典》第844条规定的对于被害人家属的损害赔偿责任。)**刑罚**——也包括损害赔偿责任——这种特殊的**法律后果**在规范学说中被称为**制裁**。制裁是一种消极的(施加负担的)法律后果,它针对违反制定法(行为规范)人来宣告和实施。

谋杀者违反的是哪个制定法?显而易见的回答是:违反了《德国刑法典》第211条!但这并不正确,因为这一条款本身就是制裁规范,它的受众是诸如警察、检察官这类官员。一般性的杀人禁令(1)似乎更合适,但人们在"谢菲尔德法规汇编"中根本就找不到它。尽管它存在于旧约(摩西五经第二书,第20章)之中,但旧约对于我们而言并没有制定法的效力。

因此人们似乎可以推导出矛盾的结论,即谋杀者压根就没有违反任何制定法,而相反是**满足**了制定法,即《德国刑法典》第211条。就此而言凯尔森说的是实情。[2]但采纳宾丁(Binding)的这种观点[3]却是对的:每个刑法条款都隐含地(即以包裹

---

[2] Rechtslehre S. 114ff. ["不法行为(违法行为)不是对法的否定,而是法的条件。"] 参见 Heidemann über Kelsens Normbegriff, ARSP 2007, S. 345ff.

[3] Binding, Die Normen und ihre Übertretung, Bd. I. 3. Aufl. (1916) S. 45.

的方式）禁止与刑罚后果通过构成要件相关联的行为。据此，《德国刑法典》第 211 条可以被读作：

（6）禁止谋杀。谋杀者，处……

支持这种隐含说的理由在于，无论是《德国民法典》（第 823 条第 1 款）还是《德国刑法典》（第 11 条第 1 款第 5 项）都将所有的侵害行为，如谋杀这类极端情形，毫无例外地视为是**违法的**（=违背法的）。采取与之**相悖**之行为的规范只可能是隐含的行为规范。即便是在普遍的法治国要求：

（7）法无明文规定不处罚！

（=无制定法则无刑罚，参见《德国基本法》第 103 条第 2 款）之中，"lex"（法律）也要在双重意义上被理解。当一些人将

（8）法无明文规定不为罪！

（=无制定法则无犯罪）视为要求（7）的逻辑前提时，这一点就会变得更为清晰。不只有刑罚，也包括违法都是制定法的后果。

c) 比赛规则、惯例与习俗

"禁止或命令/制裁"这一结构不仅在法律规范中存在。在

"越位者，处以让对方球队开任意球之惩罚。"

(《国际足球赛事规则》规则 11 II)

中,我们看到的是一条真正的规范。区别在于,上述制裁不是**法律**的制裁,并不是由国家制裁机关来施加的。但即便是国家的法官也必须偶尔地来研究一下足球规则(通过评注书!)。根据联邦最高法院一份判决书(BGH NJW 1975, 109)的观点,

"……足球比赛的参与者……原则上要容忍受伤,即使在合乎规则的比赛中这也是不可避免的。"

只要参赛者依照规则踢比赛,他就不违法。遵守比赛规则成了法律义务。(不只是越位规则!当然也包括禁止踩踏对手,不得从背后撞人等。)因为法律之外的规范与法律规范拥有共同的规范结构——它们只是缺乏法律的拘束力[4]——所以它们可以很容易就被整合进法秩序之中。

对于行为礼仪规则而言也完全是一样的。人们早就在生活中学会了诸如:

(9)不许这么做!

这类行为礼仪规则:吃饭、穿衣、人际交往被如此安排,尽管显然也(对违反这一规则的行为)多

---

[4] 盖格尔用"拘束力烙印"来表达它,参见 Geiger, Vorstudien S. 62, 205.

有容忍。制裁措施是"父母的监管"或社会的挫败。

要求更高的是**道德**（或习俗），如这个要求：

（10）"乐于助人和良善之人是高贵的！"（歌德）

长久以来，最后提及的这两个规范领域都显现出危机的病症：社会规范随着社会的消逝而消逝；而道德从启蒙运动和宗教陨落开始，直到在社会学家冰冷的目光之下都未曾被完全恢复过。即便在全球化的时代，多元文化社会的不同道德观念之间也会相互冲撞。

在目前的情况下，能做的只是指明（它们与法的）亲缘关系和（被法）吸纳的可能。例如，《德国民法典》第814条排除了无法律基础的给付返还请求权，如果

> "……这一给付符合（a）某项道德义务或（b）对某种礼俗之顾及。"

因而道德规范（a）和社会规范（b）——例如：送生日礼物，也可参见《德国民法典》第534条——就将接近于法律规范，法律外的拘束力就将接近于法律的拘束力。

我们会在《德国民法典》第138条和第826条中遭遇道德的核心意义：违反"善良风俗"的法律

行为是无效的；假如行为因这种违反造成损害，就有义务进行损害赔偿。但不可能将全部道德领域（诸种道德）都吸纳进法之中。这里所谈及的"……善良风俗……"来自于惯例；通过形容词"善良的"，它们被升入了道德规范的领域，但不是要求特别高的道德规范，而是不那么善良的、更多是符合一般人标准的道德规范。没有别的可能！如果每个违反（10）的法律行为都将无效，那么还有哪个行为会是有效的呢？人们说，法满足于一种"最低限度的道德"[5]。关于平等待遇权的"政治正确性"规则（即社会交往规则）获得法律意义是危险的，或从法治国的角度看来是可疑的。[6]

d) 法律规范与制定法规范

法律规范不等同于制定法规范。它的范围要宽泛得多，很多法律规范都不来自制定法。

庞姆蓬尼斯（Pomponius）(Dig. 1, 2, 2, 12)[7]承认在制定法之外还存在另一种

---

[5] 参见耶利内克（Jellinek）在其1908年发表的著作《法、不法和刑罚的社会伦理意义》中如是说。

[6] 对此进一步参见 Adomeit, Political correctness-jetzt Rechtspflicht! NJW 2006, S. 2169 ff.

[7] 《学说汇纂》本身说的是什么，将在后文131页中再作更准确的说明。

"……只存在于智者[8]之阐述中的不成文法。"

也即是:在制定法外,还有**法学家法以及法官法**。(回顾一下相互作用模式,前文第52页)

但要相反假定的是,制定法的每个语句都表达出一个——至少是一个不独立的——法律规范。方法论的出发点在于,制定法中没有语句——甚至没有语词——是多余的,它们都是有意义的,即规范性意义,因为制定法的任务不在于表达命题:

"法律不作描述,而作规定!"

可惜的是,今天这种理性的假定在反复无常的议会斗争和即兴而为的立法活动中一再远离实践,甚至有一届学术会议的主题就是"失败的制定法"[9]。

一旦立法者只想汇报其动机,一部制定法或宪法的**序言**,或者欧盟指令的导言就并非无条件地具有规范性意义(对此参见"基础条约判决",BVerfG 36, 1 = NJW 73, 1539)。这类"动机"对于解释活动而言是不可缺少的。

---

[8] 一位教义学者是无法想象罗马人的!
[9] Bericht hrsg. von Diederichsen und Dreier, 1977.

e) 应然

规范的规定性属性可以被表述为,它以应然为内容。规范的受众应做某事。初始规范(1)(参见第61页)在语言上就使用了辅助动词"应当"(sollen),这在一切发达的语言中都可以被找到。在语言上与它相对的是辅助动词"是"(sein)。要确定的是:**命题涉及实然(是),规范涉及应然(应当)**。每个仓库管理员都熟悉应有库存和实有库存之间的区别,每个储户都熟悉借方和贷方之间的区别(在这里,"贷方"又是银行的借方)。

凯尔森认为应然这一范畴是根本性的和不可再推导的。[10]对此我们不能赞同。因为如果往前走一步,就会在每个应然的背后遇见**意愿**(*Wollen*)。"A应当……"总是意味着"某人**想要让** A……"(没有命令者就没有命令句)。我们还要来处理"制定法的意志"。尽管如此,下述推论:

> 你父母想要你学习法律。
> 故而你应当学习法律。

---

[10] Rechtslehre S. 5 u. 77 与西格瓦尔特(Sigwart)的逻辑学进行了商榷;对此参见 Saito, Reine Rechtslehre. –Oder: Rechtswissenschaft als Normwissenschaft, ARSP 2003, S. 87ff.

第一部分 规范逻辑

在规范逻辑上却可能是不正确的，因为缺乏具备拘束力的前提，即这样一个**规范性**前提：

你应当做你父母想要你做的事。

(行家会发现，这里已经提前涉及基础规范的问题了。)

"实然"与"应然"是两个相分离的世界。[11] 从（实然）命题——尽管这经常发生——推导出应然在逻辑上是不容许的。或者说：**规范性结论需要至少一个规范性前提**。甚至也不像一些人所想的那样，[12] 能够从"不能"推导出"不应当"。

没有人能超越其能力范围之外去承担责任！(vgl. Dig. 50, 17, 185 u. § 275 I BGB)

这句话并不是逻辑命题，而是一个（尽管是十分理性的）教义性准则。一些宗教自豪于让它们的拥护者"超越能力"去承担责任，为什么

爱你们的敌人！(Mt. 5, 44)

---

[11] 参见 Röhl/Röhl, Allgemeine Rechtslehre, 3. Aufl. 2008, S. 129 ("实然与应然")。

[12] "桥接原则", Albert, Traktat über kritische Vernunft, 1968, S. 76.

就不能是一个（尽管是实践上不可能的）有效的规范呢？如果立法者将不可能之事制定为法律，他的行为就是不聪明的——因为这会对制裁机关提出过高的要求，并摧毁法的威望。

当**矛盾之事**被制定为法律时，情况则有所不同：随之出现的是无实效性。有记载说，罗马皇帝卡利古拉（Caligula）将他的姐妹提升到了女神的地位，并规定：谁要是在她的葬礼上落泪，就要被惩罚（因为他显然是在怀疑她的神的身份）；而谁要是不落泪，同样要被惩罚（因为他没有对皇族的命运表达出恰当的哀悼）。一个没有出路的法理论上的实验！

当人们将自然拟人化并使之服从于某个意愿时，我们已经通过关键词"自然法"触及的临界情形就出现了。例如：

自然想要我们繁衍后代！
故而我们应当繁衍后代。

与此相反，正如与某种神的意愿相反，在规范逻辑上可以反对认为，自然意志的存在及其内容是无法证明的；否则会一再缺失具备拘束力的前提。

第一部分 规范逻辑

这是关于自然法［支持者有亚里士多德、西塞罗（Cicero）、中世纪经院哲学家们］的争议。它数百年来一再重新爆发，最近的情形先是对纳粹法秩序、继而是对东德法秩序的拼死争辩。[13]

在本书第三部分法政治学中，我们将来涉入政治这一意志所固有的王国。

2. 规范认知问题

a) 规范与真（证实论[14]）

命题和规范在科学理论上的根本差别在于，命题可以是真的或者——就像通常那样！——假的。用今天科学理论的语言来说：命题可以具有正面的真值"真的"和负面的真值"假的"（而因为在这两者之间不存在其他任何值，所以它们是**真值上确定的**）。[15]对于规范和命令句而言这是不可能的。语句

---

〔13〕 古斯塔夫·拉德布鲁赫（Gustav Radbruch）的观点将在后文第207~208页被引用。

〔14〕 对此参见 Adomeit, Juristische Methode und Sicherheit des Ereignisses, JZ 1980, S. 343ff.

〔15〕 Leinfeller, Einführung in die Erkenntniss-und Wissenschaftstheorie, 2. Aufl. 1967, S. 143.

> 这扇窗关着。

可以被验证，要么正确要么不正确（先排除掉临界情形，如"半正确"）。规范或命令句

> 关上这扇窗！

可能拥有许多属性，并可以从不同的视角来进行评价，如：蛮横的-不蛮横的；理性的（如，因为它通着风）；无意义的（如，因为这扇窗已经关上了），但却不可能是真的或假的。按照魏因伯格（Weinberger）的一段著名表述，[16]

> "……谈论规范语句（规范）的真或非真就像谈论质数的健康或疾病一样毫无意义。"

由此规范隶属于一个命题所陌生的范畴：**效力**；对此参见下文第 108 页、124 页以下。

可以确定的是：**命题是真的或假的，规范则有效或无效**。

关于规范的命题也可以是真的/假的。

规范命题：

---

[16] Rechtslogik, 1970, S. 33.

第一部分 规范逻辑

"根据《德国民法典》第2条，成年一直持续到81周岁为止。"

原则上**可以**是真的，这是因为它是假的（你们不可忽略这一点）。假如《德国民法典》第2条规定了被这一规范所错误主张的内容，那么我们涉及的还不是一种假的、而是一种无意义的规整（是权力、而非真理制造了制定法）。

但处理规范语句的真值要比处理其他科学的命题更为棘手，因为这里并不存在任何检验标准，而只可能对其实现的机会进行预测：比如"普遍观点"、"通说"、"有争议的（观点）"（前文第47~49页）。这意味着，法律命题可以依据它们所获得的证实值[17]来进行区分。达到最高证实值的比如有如下规范引文：

"第 x 条规定：……"

或者这样一个关于规范存在的主张：

"《德国民法典》有一个第2386条！"

（请检验！）一旦规范命题离开这一领域，开始

---

[17] 证实论的证立参见 Adomeit, JuS 1972, S. 632ff.；批评参见 Neumann, Rechtsontologie und juristische Argumentation, 1979, S. 37；也可参见 Wesser, Der Rechtssatz, Rechtstheorie 2006, S. 257.

着手进行解释和阐释,"真的/假的"这一分类图式就将变得不合适。代替真值来进行分配的**证实值**,如

$$+1 = 完全确定是$$
$$0 = 完全不确定$$
$$-1 = 完全确定不是$$

可以作为观点光谱在一个由 100 个被随机挑选出的法律人组成的"样本"中被精确界定。如果为了简便起见只容许他们给出"是/不是"的判断,而不能弃权,那么可能 50/50 = 0;60/40 = +0.2;80/20 = +0.6;95/5 = +0.9。这些值必须要在其他一切同样是被偶然挑选出的群体中保持一致,万一出现波动则可以通过扩张至更有代表性的数字来予以消除。这一考量只能说明这样一种理论价值:证实值是可以客观化的。(这当然对于法官没有拘束力,后者甚至总是会作出与证实值+1 相对的裁判。一种纯粹的预测性理解必须排除掉完全的证实值+1。)

b) 真的概念

亚里士多德[18]传下了这么一个观点:真在于存

---

[18] 参见 Simon, Aristoteles und die juristische Argumentation, JZ 2011, S. 697ff.

在与思维的符合。依照后来拉丁语的表述就是：

> "adaequatio rei et intellectus."（物与知的符合。）

这对于近代科学理论来说显得不够精确，它对此一直充满了不安，直到塔斯基（Tarski）于1933年创造出了那个现在已众所周知、打眼看上去基本没啥改变的语句——

> "当且仅当雪是白的时，命题'雪是白的'才是真的。"

——并以数学形式化的方式证明了它。在塔斯基的这句话中引号很重要。引号内的这四个字给出了一种实质信息（属于对象语言），其余的话涉及这一信息（属于元语言）。只有通过这种分层才可能来解决古代的说谎者悖论（"现在我在说谎！"）：说谎者对对象语言和元语言进行了一种不容许的混合。只有对象语言层面上的语句"雪是白的"指涉经验真，它与我们规范命题的真最为接近。故而必须要区分出三种不同的真的概念，并相应区分出三种各自不同的检验条件。

aa）借由定义的真（D-真）

每个单身汉都没有结婚，没有任何双胞胎是独生子女，每种意思表示都是一个法律行为或者法律行为的一部分，这些情形是如此清晰，以至于对此发生争议是毫无意义的。D-真的基础在于，语言（更准确地说：言说者）在引入一个新的概念时可以来自由加以确定（"**名义定义**"）。但假如概念已经存在并被确定，那么人们就要受到这种确定的拘束（"**实际定义**"）。例如当人们对下述概念规定已经取得共识时：

> 法律行为是一种"私人意思表示，它旨在导致某个法律后果，这种法律后果是因为它被人所意愿而依据法秩序出现的。"[《德国民法典》第1稿第126条草案说明=穆格丹（Mugdan）* 第1稿第421条]

通过 D-真的语句无法获得任何实质性信息，而只是一种关于语言用法的信息，从根本上说是对之前

---

* 本诺·穆格丹（Benno Mugdan，1851~1928年），德国法学家，柏林高等法院法官。他作为《德意志帝国民法典资料汇编》的编纂者和加工者而为人所知。在这本汇编中，穆格丹汇总了帝国议会关于民法典咨询的全体会议纪要。即便在今天这本资料汇编仍在历史解释的框架内作为解释手段被引用。——译者注

无论何时所采取的名义定义的回忆。这类知识是——用康德的话来说——纯分析性的，人们解析出了之前被人放进去的东西。

然而，每个人都可以自由地远离那种只是惯习性的语言用法。在抽象概念[19]那里这最有可能，它们间的界限是不固定的，通常可以被全新的定义所取代，例如"损害"。例如一位怀有提出某种新责任学说之抱负的博士生开始说：

> "在本文的框架中，对损害的理解将有别于所有传统的理解……"

没有人能说这是"**错的**"。在这里，就像在方法论中到处可见的那样，故意违反规则的行为可能会被允许，而粗心大意违反规则的行为则会被责骂和禁止。

在经典**定义学说**中最为重要的是：被定义的是概念。定义是一种思想内涵，是语词的意义，它指涉某个对象。人们用某个语词**思考**某个对象，而概念是被思考的东西。故而要区分三种要素：

语词–概念–对象

---

[19] 相反，在每个人都知道的具体概念那里，费劲下定义是多余的，有些愚蠢无聊。英美科学理论家喜欢说："我不知道该怎么给大象下定义，但当我看到它时我就知道它是！"

"财产"这一概念在不同语言中以不同的语词被表述［如 property（英语）、dominium（拉丁语）］，但**所指**的却是相同的东西，即我们称之为财产的那种抽象的对象。（在更高和更复杂的层面上，这种三分法被复述为：语句-命题-事实。）[20]

如何进行定义？当然是

通过最近的属加上固有的种差！

故而"白马就是一种白色的马"，或者

"**要约**是单方意思表示，借此某人向另一人提议如此来订约，即只要后者同意即可。"（Heinrich Lehmann, Allg. Teil, S. 213.）"要约"=待定义者（被定义项），其余部分为定义者（定义项）。

这种经典学说备受争议，因为它为一切概念预设了一种金字塔式的构造，以经院哲学的世界观或生物学上的林奈分目法为模本。人们不能一般性地以此为出发点，无论如何从维特根斯坦（Wittgenstein）的《哲学研究》之后不能再以此为出发点。财产的上位

---

[20] 维特根斯坦在《逻辑哲学论》(edition suhrkamp 12) 中还这么认为，但随后在他的《哲学研究》一书中就再次捣毁了他自己的逻辑。

概念是什么？"权利法"只是指明了一个方面，"私法制度"指明了另一个方面，"（物的）归属"[哈里·韦斯特曼（Harry Westermann）][21]则保留了很多开放的可能性。社会学肯定会提供完全不同的定义。因而其他定义方式是被容许的，如通过指明（向婴儿指明一条狗），通过列举（"斯堪的纳维亚是瑞典、芬兰……"），通过否定（"不作为是作为的对立面"），通过改写（"阴险行为是利用了受害人的单纯和无戒备心"）。要避免"如果……"这种形式的定义（"如果某个……那就是法律行为"）。

法律定义，如《德国刑法典》第 11 条，是一种不独立的规范，它与独立规范一起才能确定后者的构成要件特征（或者：法律后果特征）。

它是否合乎目的可以被争议，但链条式定义肯定是不合目的的。例如《雇员解雇保障法》第 1 条：

> "解雇……是无法律效力的，如果它会导致社会不公平。解雇是社会不公平的，如果……"

在此被两次使用的语词"社会不公平"没有作用，也是多余的。《德国民法典》第 1565 条第 1 款

---

[21] Westermann, BGB-Sachenrecht, 11. Aufl. 2005, S.1 将财产定义为"……完全的、实质性的"物的归属。

也是如此：

> "假如婚姻失败，它就可以被解除。假如……婚姻就失败了。"

尽管《德国民法典》第1566条推定联结的是"失败"，但它完全可以在技术上同样好地并以不那么令人误解的方式与修复（婚姻关系）的期待相联系。逻辑上的瑕疵大多数时候涉及的是一种过度的政策化。立法者想要远离以往的责任原则，代之以一种纯粹的附期限解除，通过一种"婚姻破裂原则"来支持大众，但这是徒劳的。

相反，一种有意义之联结的例子是《德国民法典》第249条，它的

> "谁负有损害赔偿的责任，谁就……"

这部分逐字逐句地抓住了第823条第1款的法律后果，但它不仅适用于这一规范，而且适用于一切损害赔偿责任。

要记起《德国民法典》中典型的括号型定义。依照第194条，

> "要求他人作为或不作为的权利（请求权）。"

该条受制于诉讼时效。

> **问题3**:《德国民法典》第1567条第1款通过家庭共同体的废除来定义配偶间的分居（这是今天唯一的离婚条件），并通过（有所修正的）分居来定义家庭共同体的废除（第1款第2句）。这是一个失败的定义，即一种循环定义吗？（答案请见第268~269页）

bb）逻辑真（L-真）

同一律（A=A）是不可动摇的，它的对立面是矛盾律：

- 并非：A 且非 A。

或者

- 要么 A，要么非 A。

或者

- "排中律" = 排除第三者的存在。

许多逻辑学教科书都将下例作为 L-真语句的例子：

"苏格拉底是聪明的或者苏格拉底是不聪明的。"

这尽管很不符合心理学，但在逻辑上却是真的。（我们随后将讨论，当苏格拉底被判处死刑后拒绝接受被安排好的逃亡时,他的行为是否聪明,参见第203~206页。)在人类灵魂中存在着相互矛盾乃至精神分裂的现象,这不应该归罪于逻辑。人们可以一般性地说:**以不附额外推导的方式法满足逻辑法则将导向 L-真的命题**。[22]

很容易发现,所有 L-真的语句都几乎没有什么信息内涵,更准确地说:是没有。逻辑界定着可能知识——即某种可能为非真之事——的界限。违背思维法则不可避免地会导致一份判决在上诉审中被撤销(《民事诉讼法》第550条)。人们不能一边驳回起诉,一边又支持它,不能——倒不如说这是可想象的——从根本上将某个法律行为既作为有效的又作为无效的来对待。

为什么**矛盾**要作为典型的逻辑错误被绝对予以避免,还需来详加说明。中世纪的经院哲学家早就知道,从一种遗留的矛盾中会证明什么:证明一切!

从错误(从矛盾)中可以推导出人们想要的一切。*

证明:我们的出发点是"r 或 s"这个双重

---

[22] 参见 Röhl/Röhl, Allgemeine Rechtslehre, 3. Aufl. 2008, S. 123:"从命题逻辑到道义逻辑。"

* ex falso (ex contradictone) quodlibet sequitur. 现在更多被称为"爆炸原理"。——译者注

语句，其中无论是"r"还是"s"都各自构成了一个独立的语句（命题）。因为这两个要素不是通过"且"，而是通过"或"相联结的，所以只要当这两个分句中的一个为真，"r 或 s"就足以为真。故而同样可以成立的是，如果能确定"r 或 s"为真且两个分句之一为假，那么另一个分句必然为真（附加三段论）。进而，如果能确定"r"为真，对于任一"s"来说就都能够过渡到"r 或 s"（附加引入式）。[23]这样一来"a"和"非 a"就当同时为真了。要证明的是任意语句"q"。如果"a"为真，那么"a 或 q"就同样为真。从"a 或 q"和"非 a"必然推导出"q"。**这就是有待证明之事。**

但让逻辑学家们感到惘然若失的是，法律实务却容许矛盾论证的存在：程序将由此变得更简洁；也没有人会遭受可以避免的证明风险。尽管破罐案中的那个著名辩护：

"1. 我从未得到过那个罐子，
2. 当我得到那个罐子时它已经破裂了，
3. 当我返还它时它还是完整的。"

---

[23] 对此参见 Essler, Einführung in die Logik, 2. Aufl. 1969, S. 58ff.

并不合法官的意,但那个经常听到的语句——

"A由于4月1日达成的约定已经丧失了他的财产,或无论如何由于4月2日达成的约定丧失了他的财产。"

——在逻辑上已不令人满意,因为,如果第一份约定是有效的,那么第二份就将成空。这里必然真正涉及"要么/要么"(或压根就没有)。但如果第二份约定已经被认定为有效,那么没有人会提出要证明第一份约定是无效的请求。

当特奥多尔·基普(Theodor Kipp)在他那个时代(1911年)阐述道,甚至在法学建构中都必然允许存在矛盾时,那是耸人听闻的。在一篇祝寿论文[庆祝冯·马蒂兹(v. Martitz)的寿辰]《论法中的双重效果》中,他提出了这个问题:一个无效的法律行为是否此外还可以被撤销。基于可能是逻辑上必然的理由,人们倾向于否认这一点。基普举出了如下情形(第230页):

"假定某人通过欺诈从一个未成年人那里购得某物并已入手,而法定代理人拒绝予以认可,继而获得者将该物转让给第三方,而第三方虽然知道欺诈的存在,但却不知道第一位卖方为未成年人，也不知道（其法定代理人）拒绝予以认可的情形。"

在此，根据《德国民法典》第108条，第一笔交易是无效的，但根据《德国民法典》第932条，随后的转让行为基于对购买者的信赖保护却是有效的——除非容许进行这样的撤销，即根据第142条第2款信赖保护并不存在。因为不该让购买者获得好处，所以如果前一笔交易不仅是可撤销的，而且此外还是无效的——也即错误的程度更高——法定代理人就可以行使撤销权，并主张适用第985条。这种不连贯的建构建立在古老的原则之上：

没有人能由于自身的卑劣而获益

（或没有人能从其自身的错误中获利）。[24]

可以确定：**法学思维过程的逻辑可基于正义的观念（以实用主义的方式）被打断。**

cc）经验真（E-真）

经验意味着来自对现实（如白雪）进行观察后获得的知识，它使得自然科学家们可以不断去产生

---

[24] 这个以及其他（通常是年代失考的）古罗马法律规则参见《学说汇纂》第50卷（标题17）："de diversis regulis iuris antiqui". 关于这部作品参见第131~135页。

新的 E 类型的真。这里、也仅在这里才存在真正的信息，真正的新事物，就像关于火星表面的知识那样。当人们头脑简单地来运用"真"这个讲究词时，人们所想的就是 E-领域。独特之处在于，为了验证某个 E-语句要（通过各个相关科学的研究方法）去追问现实（"物与知的符合"在此要被理解为事物与关于事物之语句的符合），而为了验证 D-真只需援引语言使用规则，为了验证 L-真只需援引逻辑法则即可。

对于规范命题——参见前文第 73~75 页——人们只能在转借的意义上来谈论 E-真：必须要检验，其内容是否以及在多大程度上与法教义学的现状相吻合（"教义真"；证实论）。

  以此差异为基础，在司法诉讼中法律问题和事实问题服从于不同类型的程序。对于事实问题，要通过作为通往有争议之现实入口的辅助者来进行证明：证人、专家证人。法官本身也能够接近现实：出示书证、亲身查验。在这里法官毋宁是裁断人。相反，对于**法律问题**，他自行地进行裁判，而不能委托给他人。

法官没有义务去获取教义学的知识，去查阅教科书和评注书，去遵照其他法院（即便是上级法院）的司法判决。他**习惯于**这么做（或多或少、程度不一，在上级法院要比所有下级法院，在德国法院要比例如法国或英国法院更常这么做，也可参见第 129～130 页）。但他并不受任何外来的规范命题或裁判的约束。从他的视角出发，教义真是他所认为正确的东西。如此一来，法律科学就是要预测法官会如何裁判么？［霍姆斯（Holmes）为美国"法律现实主义"奠定的基调性观点如是说。］这是个十分有局限性的观点，在教义学上徒劳无益。

3. 法律推论的方法

命题的逻辑要比规范的逻辑来得简单，因此首先要来处理它。这里只涉及那些随后将被法律逻辑采纳的原则。

a）命题方阵（亚里士多德）

一开始我们要区分出三种**类型**的命题，即**普遍的**（所有……都是……），**特殊的**（有一些……是……）以及**个别的**（x 是……）。在此，个别命题通常因为对于科学效用甚微而被排除在外。

故而我们选取一个普遍的积极（肯定性）命题，它的一般形式为：

（1）所有 S 都是 P。

在此 S 代表主体，P 代表谓词，它具体的例子或许是：

（2）所有教授都是权威。

让我们去追问这个命题的对立命题！（因为通过否定式和构造对立命题能最准确地学习某个命题的内容。）[25]这里涉及两组对立，依据是将否定符加到主体上还是谓词上，即：

（3）所有教授都不是权威＝没有教授是权威。

以及

（4）并非所有教授都是权威＝有一些教授不是权威。

（3）与（2）的对立看上去尤其明显。命题"所有……都是……"和"没有……是……"彼此不相协调，是不兼容的，不能同时为真。**但是**：它们可以同时为假，如果并非所有都是，也非所有都不是，而是有一些是，有一些不是的话。普遍肯定性命题和普遍否定性命题并没有穷尽可能的事实，而是容

---

[25] 这句话被记在斯宾诺莎（Spinoza）名下：每种确定都借由否定而发生。

许存在折衷的办法。人们称之为**反对性**的对立（如颜色中的黑/白，政治中的左/右）。

与此不同，（2）"所有都是"和（4）"有一些不是"间的对立则是一种**矛盾性**的对立。这两个命题不仅是不兼容的，而且在它们之间不可能有第三者存在。假如其中一个命题是假的，那么另一个必然是真的。假如"所有教授都是权威"是假的，那么在逻辑上有一些（至少有一个）教授必然不是权威。反过来同样成立（请您自己检验！）。故而（4）带来的是更强烈的对立，虽然它相较于（3）来说是更弱的主张。

但构造对立命题并不十分彻底，因为可以在对（4）进行双重否定（并非不是权威＝权威）后构造出：

（5）有一些教授是权威。

如此一来（4）和（5）并无内在矛盾，因为它们相配十分完美：它们可以同时为真（也许真是这样），但却不能同时为假。

这些基本逻辑关系早在 2300 年前就已经为亚里士多德很成熟地表达了出来：

"我认为，在语言中有四类对立命题，即：

所有和没有；所有和并非所有；有一个[26]和没有；有一个和有一个没有——但实际上只有三类。因为有一个和有一个没有只是在语言上相对立。普遍命题'所有和没有'，例如'每门科学在道德上都是善的'和'没有科学在道德上是善的'，是反对性的对立，其余则是矛盾性的对立。"[27]

随后的数个世纪不值一提，直至将这一简单但思维上十分集中的文本以图表的形式直观展现出来，即：

命题方阵

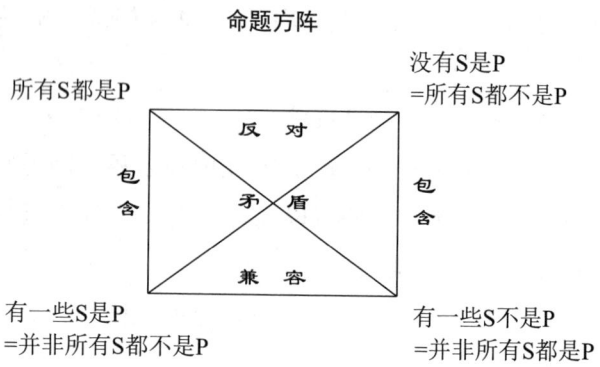

---

[26] "有一个"和"有一些"之间的区别可以被遗忘！
[27] 文本参见 Trendelenburg, Elemente der aristotelischen Logik, 2. Aufl. 1969, S. 19.

从这一方阵图式中可以轻易解读出，哪些命题是不兼容的：矛盾的对角，对立的上水平线；哪些是兼容的：下水平线；而哪些呈现出延续关系，即两条垂直线（因为假如所有都是，那么必然也有一些是，相应的否定式也是这般）。

b）规范方阵（边沁）

为了看清规范之间存在什么样的逻辑关系，我们采用同一种方法并将如下初始规范作为出发点：

（1）你不应当杀人！

它的第一个对立规范或许是

（2）你应当杀人！

这个有些令人毛骨悚然的规范绝不仅仅是理论上的假设。正如每位士兵都知晓的，它可能是有效的，违反它将受到军法制裁。

（1）**是一种禁止**，（2）**是一种命令**，这是两种基本规范类型。它们之间存在着一种**反对性对立**，它们——以同一个规范创制者为前提——不可能同时有效。如果一位掌权者同时命令人们服从两者，那么他就相当于没下达任何命令，因为这两个命令是彼此抵消的。

与此相反，可以想象，就同一个构成要件而言既不存在命令也不存在禁止。为此，人们必须将杀人视为一种极端的紧急状态或战争情形。但幸运的是，也存在法外空间和未受规范调整的活动，如自恋、书写和邮寄信件（只要它们没有诽谤他人）、散步。

故而要再次强调的是：具有相同内容的命令和禁止不能同时有效，但它们可以同时无效。故而在此呈现出反对性对立这一已众所周知的结构。

上述初始的禁止存在矛盾性对立物么？为此我们将（1）改述为不那么像旧约的形式：

（1）这是应当的：不杀人！

通过对应当的否定可以获得：

（5）不是应当的：不杀人！

（5）意味着什么？从双重否定推导出肯定，即"应当：杀人！"或许是错的。对禁止的否定不是命令，而是**允许**。当某个禁止规范被（全部或部分）废止时，规范的受众可以将早先被禁止的行为视为被允许的了。

禁止和允许处于**矛盾**关系之中。被禁止之事就是不被允许的；被允许之事就是不被禁止的。

[**注意！**] 人们通常会发现"不被禁止之事

就是被允许的"这一命题没有被正确运用,[28]即被理解为"……不被**明确**禁止"。但是,某个没有明确出现的禁止规范在多大程度上可以通过类比或续造来获得(如某种法律关系的附随义务),是个法教义学和方法论上的问题。对于我们来说涉及的是逻辑关系和纯粹的分析性语句,从它们——完全意义上的自由思想——中推导不出任何政治计划。

命令的矛盾式是什么?从

(2)这是应当的:杀人!

可以得出否定式:

(6)不是应当的:杀人!

这在法理论上被称为**豁免**。有些人很难看出允许和豁免有什么差别。允许是对人们可以做某事之禁止的否定。豁免是对人们不得做某事之命令的否定=对这一行为义务的豁免=不是必须做的。

[例:]当路标"禁止驶入"附有额外的标识"本街道居民除外"时,就涉及一种允许:本街

---

[28] 对此[与泽克(Säcker)有争议]参见阿多迈特的论文,发表于1972年《法社会学与法理论年刊》第2卷,第512页以下;参见Bragyova, Freedom and Permission, ARSP 2005, 379.

道居民可以驶入。对于豁免，人们可以想一想今天已经普遍有效、但在以前只是例外得到保障的学费自由与研究经费自由。当然也可以想一想——直到不久之前还存在的——免除兵役。或者想一想休假"请求权"，更准确地说，它是雇主对工作给付之请求权的丧失以及雇员之工作义务的豁免。法理论上最恰当的例子是债务的诉讼时效（《德国民法典》第214条），因为债务人要为给付并不受此妨碍。证人同样有权拒绝作证。

由此就导致了四种基本规范类型：**命令、禁止、允许、豁免**。杰里米·边沁（Jeremy Bentham）最早列明它们并予以体系化；[29]他将它们称为：command（命令）、prohibition（禁止）、nonprohibition［不禁止；或permission（允许）］、non-command（不命令）。这种语言称呼无与伦比的准确。关于它们间的逻辑关系，他指出：

"命令包含着允许；它既排斥禁止，也排斥

---

[29] 参见哈特（Hart）关于其身后出版的主要著作《论一般法律》的报道（Rechtstheorie 1971, S. 55ff.）；也可参见 Lampe, Logische Beziehungen zwischen ontischen und deontischen Sätzen, Rechtstheorie 1983, S. 317ff.

非命令。禁止包含着非命令；它既排斥命令，也排斥允许。非命令本身并不必然包含禁止或者允许：但它排斥命令；并且，由于禁止和允许彼此排斥，它一次只能由后二者中的一个相伴随；由于它们彼此矛盾，它必然只能由它们中的一个或另一个相伴随。"(《论一般法律》，第97页）

这是可想象得到的与亚里士多德著作中相关命题最精确的对应物。

结果我们就再次获得了一个方阵图式：

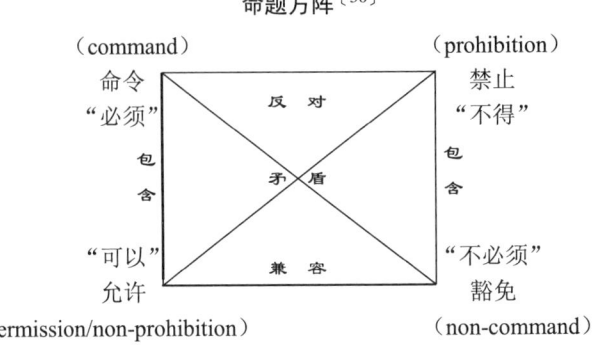

---

[30] 进一步的阐释参见 Hruschka, Das deontologische Sechseck in der Jurisprudenz, in: Krause u. a. (Hrsg.), Gedächtnisschrift Blomeyer 2004, S. 775; 先发表于 ARSP 1987, S. 93ff.

不证自明的是，命令包含着允许：必须做的事也是可以做的事；禁止同样包含着豁免：不得做之事也是要与之保持距离之事。如果将允许和豁免合在一起——依据定义这必然是被容许的——那么就可以获得不受规范调整之（法外）行为的幸运状态：可以做，也可以不做。

最后的表述"**不作为**"会造成混淆。人类行为现在具有了双重面向，即行动（作为）与不行动（不作为）。由此产生的困难在教义学实践中通常只能通过任意的确定来得以解决。

> 筑路工人在挖坑时没有放置常见的障碍物，某人掉进了坑里——工人们是通过作为还是不作为伤害了他人？——某人将烟灰缸中的烟灰清倒在了纸篓里，事前没有掐灭他的最后一个烟蒂——他是通过作为还是不作为纵了火？就像我们知道的，这里的区别对于《德国民法典》第823条规定的违法性以及《德国刑法典》第13条规定的可罚性来说是至关重要的："担保义务"。

在法律逻辑上这意味着：可以附加上另一个否定式，即相对于作为的不作为。因而就导致了这样的可能：将四种规范类型只还原为一个。

第一部分 规范逻辑

如果将"命令"作为基础性的规范类型来使用,那么

命令 = **命令**

禁止 = 对不作为的**命令**

允许 = 对不作为的**不命令**

豁免 = 对作为的**不命令**

人们也完全可以将"禁止"或其余两个概念中的一个作为出发点(请仔细核对!)。

最后还要追问的是,**命题方阵和规范方阵如此完全相符**的基础究竟何在。因为我们研究的不是魔术关系,而是逻辑关系,所以这里必然存在**原因**。假如将"做 x"设想为规范内涵,那么在具体的规范类型那里,在理想情况下(对这一规范内涵的)实现将导致规范受众(A)的如下行为:

命令:*所有 A 都做 x*

禁止:*没有 A 做 x*

允许:*有一些 A 做 x*

豁免:*有一些 A 不做 x*

由此就出现了四类命题(!),它们与亚里士多德的类型构造完全相符。

> **问题4：** 特奥多尔·蒙森 [Theodor Memmsen, Röm. Staatsrecht, I. Bd. 2. Aufl. (1876), S. 255] 这样来解释为什么罗马共和国两位执政官拥有相同的权利："……如果一位下命令而另一位予以禁止，那么禁止就优先于命令。"他引用了《学说汇纂》(Dig. 10, 3, 28)："……当某物被共有时，禁止其使用的一方的原因更强。"他认为在此存在着一个"逻辑规则"。这对么？（答案请见第269页）

c) 推论（三段论）

推论是亚里士多德的伟大成就及其逻辑最重要的组成部分。除对立关系外，命题方阵还包含着推导关系：从"所有都是"可以自由推导出"有一些是"，后者同样必然为真。

推论学说容许从真命题（至少两个）出发推导出一个新的真命题，从**前提**推导出**结论**（推论结果、推论语句）。基本条件：真的前提、合乎逻辑的推导。

基本类型（"芭芭拉模式"）：

(1) 所有 M 都是 P
  S 是 M
  ―――――――――
  所以 S 是 P

或者，用那个古老的例子

(2) 所有人都会死

　　苏格拉底是人[31]
　　―――――――――
　　所以苏格拉底会死

这与其哲学声誉的经久不衰完全是相符的。

这种推论十分简单。每个在进行思考的人都会自然而然地这么想。但这只能证明，即便是简单的思维过程也具有复杂的结构。这种三段论成功的条件在于：

1. 只能出现三个概念（S，M，P）：禁止**四项错误**。（故而这是不成立的：所有狐狸都有四条腿。苏格拉底是只老狐狸……）

2. 在前提中出现过两次的中项概念（M）不得再在结论中出现。

3. 中项概念不得只以特称（判断）的方式出现（"有一些……"）。

4. 结论中的概念不能比前提中的概念拥有更大的量称。

---

[31] 准确地说，这第二个前提也应当是**普遍的**，其模本为"所有雅典人都是人"。但这种个体化的形式已经被习以为常了。

在纳入不同的语句后还可能导致其他不同的规则。

我们主要关注的法学三段论将以人格化的形式展现为（A 代表规范的受众，x 代表某个特定行为，S 代表某个主体）：

(3) 所有 A 都应当作 x

S 是 A

———————————

所以 S 应当作 x

在这里，"应当"是作为规范逻辑常量被引入的。故而：相同的推论图式，相同的构造，相同的规则。实然和应然的世界虽然相互分离，且不容许相互推论，但在这两个世界内部适用相同的逻辑。尽管需要确定第二个前提，[32]但规范谓词从 A 到 S 的传递已为第一个前提的规范性内涵所涵盖。**就像命题中的真值一样，逻辑无所触碰和无所损害地传递着规范的效力。**

---

[32] 虽然使用了小词"是"，但第二个前提并非实然命题，而是一种不独立的应然命题。它与《德国刑法典》第 211 条第 2 款（参见前文第 62 页）关于谋杀者的定义具有相同的意义。同样的观点参见 Yoshino, Über die Notwendigkeit einer besonderen Normlogik als Methode der juristischen Logik, in: Klug u. a. (Hrsg.) Gedächtnisschrift Rödig, 1978, S. 140, 146.

第一部分　规范逻辑

人们可能会对逻辑所支配领域的这种扩张提出质疑，并想起，每个应然的背后都存在着一个意愿（参见前文第61~63页），故而真正起作用的或许是心理学。就如已知的，存在着相互矛盾的意志。一些人对于他人的违法行为会轻易感到愤怒，但却经常原谅自己的违法行为。

毕竟要考虑的是，这是否会导致法理论上的后果。凯尔森在其晚期著作中认可存在相互矛盾之规范的可能，[33]全然没有顾及这会给他的学说整体带来毁灭性的后果。但心理上的可能分裂并不涉及规范的客观意义。谁要使用语言，谁就不仅要服从于语法，而且也要服从于"思维法则"。

所以（3）是成立的。但这不就是令人担忧的**涵摄**吗？——它的逻辑结构就是如此。涵摄指称的是一种方法论任务，而非逻辑任务。困难在于建立第二个前提：通常只有在对大量已被实现了的条件进行检验之后才能证明，任一 S 是否与规范相关。例如对于《德国民法典》第823条第1款而言，A = "伤

---

[33] Recht und Logik, FORUM 1965, S. 421 u. 495.

害……的人"，这会抛出一大堆的问题。我们可以将此表述为：**对于法学涵摄而言，要寻求的不是结论，而是第二个前提**，即小前提。人们将一个假设的小前提置于大前提之下，并测试它们是否匹配。

即便是找到了结论也还不算结束。因为如果 x = "对已发生的损害进行赔偿"，那么还会产生与"应当做 x"相关联的足够多的新问题。从制定法的抽象法律后果出发，只有通过再一次涵摄才能找到判决主文所采纳的具体法律后果：A 必须向 B 支付 1000 欧元。

d）谬论学说

循环论证（petitio principii）被认为是最经常遭受责难的自相矛盾（参见前文第 84~85 页）**的谬论**，它最好被翻译为"预设前提"：某人作弊使用了一个前提。E. 施耐德（E. Schneider）举了个犹太笑话作为例子。在这个笑话中，两位学习塔木德的学生要"澄清"为什么"头上必须戴帽"这一宗教禁令是有效的，虽然《妥拉》*并没有这么说。最后两位学生

---

* "Tora"字面意思为指引、教导，为犹太教的核心。它的意义广泛，可以指塔纳赫（Tanakh）二十五部经中的前五部，也就是一般常称的《摩西五经》（Pentateuch）；也可以被用来指由创世纪开始，一直到塔纳赫结尾的所有内容。它也可以将拉比注释书包括在内。——译者注

中的一位说：

> "从字面上看它的确没有这么说。但《妥拉》里充满了暗示。因为有这么个例子'雅各出了别示巴去往哈兰'。你真的会严肃地相信，一位如此虔诚的犹太人会走这么远的路而不戴帽子吗？"

在法学中常常可以在简化论证中发现循环论证，或推论中的跳跃（"saltus in concludendo"）。例如，如果证明负担的分配出现了内在问题，那么

（4）"事实不清由起诉方承担风险。因为由他承担证明负担。"

当然不是论据。类似地，对于

（5）"企业主承担责任。因为由他承担经营风险。"

要追问的是，难道不是只有在确定了他的责任范围后才会产生经营风险吗？经营风险学说不容许进行掩盖争议的推论。

当前提和结论相互废止时，就出现了最完整形

式的谬论：**恶性循环**（＝错误的循环），例如，只有当某人有工作时他才能获得护照，并且只有当他拥有护照时才能获得工作（与此对应的是循环定义：参见前文第 81 页）。

4. 法秩序的阶层构造

a）行为规范

命令、禁止、允许、豁免：参加前文第 93 页及以下。

b）授权

借助命令、禁止、允许、豁免（＝行为规范）这四种规范类型，可以来展示和理解法秩序中具有行为**义务**特征的所有组成部分。（作为或不作为的）**义务**是某个行为规范的直接后果：从规范受众的角度来说，它是这一规范的内容。对于相应的（主观）权利概念，我们将随后引入规范受益者这一形象。

当《柏林警察法》（ASOG）第 17 条与其他警察法一样作出如下规定时，原则上就有所不同了：

（1）"公安机关和警察可以采取必要的措施

来防止具体情形中存在的对于公共安全和秩序（危险）的危险……"

让我们不去考虑是否容许采取这种直接行为，而去想一想警察下命令的可能性！为此我们必须引入新的规范逻辑概念。（1）并不涉及任何行为规定，而是分配了一种**授权**（权能），只要当它没有被践行，它就不会触及规范性的世界。人们可能会错误地认为，公式（1）里装的是允许的概念。[34]但（1）的新要素并非相关机关的行动自由——这或许与正当防卫和紧急避险没什么区别，更别提执行死刑了——而是它的**权力**，即颁布一个有拘束力的规定，从而对他人的行动自由施加影响。为此它需要被授予一种在其他情形中不存在的法律创设能力。（1）涉及一种**授权规范**。授权规范并不直接对人的行为施加影响，而是赋予创设规范，尤其是行为规范的职权。例如一位警察对于示威者的命令：

（2）你们各自散开！

---

[34] 但参见 Weinberger, Die normenlogische Basis der Rechtsdynamik, in: Klug, u. a. (Hrsg.), Gedächtnisschrift Rödig, 1978, S. 173, 182. 只要考虑到，对允许的否定将导向禁止，对授权的否定将导向对权力的剥夺（例如以前的禁治产人就是如此，但他并不被禁止像理智健全的人那样行动），就可明白授权不可能是允许的。今天可参见《德国民法典》第1897条及以下关于"法定委托"的条款。

是法理论意义上的行为规范,即便行政法学者认为它是一种具体行为(一般命令?)。无论如何,在(2)的背后不只是一种允许。所有人都可以说出(2)。只是从你我口中说出(2)不会引发各该受众的任何行为义务,但得到(1)支持的警官对于其受众说出这句话时就不同了。

《集体合同法》第1条(参见第174~175页)也是授权的一个例子。这一条款的受众,即协会,获得了通过集体合同来导控受集体合同约束的雇主和雇员之行为的授权。

> 有争议的是,《集体合同法》第1条本身是创设规范权之来源——主流的**授权理论**这样认为——还是说这一权力独立于该条款,而来自于协会本身的权利——**自治理论**这样认为。[35]

授权规范的观念使我们能从根本上离**效力问题**更近一些。假如一位雇主被集体合同条款施加了例如确保提高工资的义务,那么对于其效力可能的怀疑就将被《集体合同法》第1条所扫除,只要该处提及的条件(如书面形式)得到遵守。**当行为规范**

---

[35] 对此的基础性阐述参见 Wiedemann/Stumpf, TVG, 7. Aufl. 2007, § 1 Anm. 34ff.

与上位的授权规范相符时，它就是有效的。当制定法以合宪的方式出台，且在内容上也符合宪法时，它就是有效的。**行为规范的创设者必须是某个授权规范的受众**，而授权的行使必须要符合这一授权规范的条件。若非如此，就会使之无效或可撤销。授权规范的规范层级要高于（优先于）行使（这一授权规范）之层级的规范，这体现在冲突情形中即是：上位法优于下位法。

如果说违反行为规范的典型后果是导致制裁（刑罚、损害赔偿义务）的话，那么违反某个授权之行使规则的法律后果则会导致行使行为（这同时也是被禁止的，就像滥用职权一样）无效。有一些授权规则只规定了要遵守的程序，其他一些则同时还规定了法律可容许创设的内容：如《德国基本法》中的基本权利对于立法者的授权（部分是反向的：第2条；部分则是正向的：第20条第1款的社会国原则），《德国民法典》第138条对缔约者的授权。

由于这里所提出的效力概念纯粹是规范逻辑上的（与上位的授权规范相符），所以它没有涉及实效的问题（相反的做法参见 Kelsen, Rechtslehre, S. 215）。规范的实效是一个法社会学问题（因此对此更详细的阐述参见 Th. Geiger, Vorstudien, S. 228ff.）。

罗马法学家几乎已经析明了行为规范/制裁和授权

规范/无效在法律后果上的差别。乌尔比安（Ulpian）认为：

"完美的制定法一方面禁止人们做某事，另一方面当它（依然）被做时废止它。"(libro sing, Reg. 1, 1, 2)

但这种双重后果只在非典型情形中才会出现，在其中**禁止**从表面上骗取某个授权（滥用职权）。甚至对于欺骗乌尔比安也从未说出过一种"完美的"规定，因为欺骗者的行为尽管被禁止（《德国刑法典》第263条），但却首先产生了一种有效的、只是可撤销的规定（《德国民法典》第123条）。戏谑表示尽管是无效的（《德国民法典》第118条），但戏谑者的行为却不被禁止，真正具备幽默感的朋友不会将之称为"不那么完美的法律"（第122条不是制裁！）。类似地，儿童**可以**作出意思表示，只是这不**可能**具有效力。请注意：**授权并不隐含着允许！**（反之也一样！）

行为规范的效力问题尚不能通过援引某个授权规范得到消除，因为人们可以继续去追问后者的有效性。为此必须找到一个**更高位阶的授权规范。**

这些关于效力（有效性）的棘手问题导向了授权

的链条，它暂时以最高位阶的规范即宪法终结，如：

> 行政行为 → 法规 → 制定法 → 宪法（＝基本法）

因为这一法律图示具有普遍效力，所以人们可以将整个法秩序都设想为一种**规范的阶层构造**：处于最低层级的是所有行为规范，在其上的是第一层级的授权规范，接着是第二层级……最后是最高层级＝宪法。这不仅是一种理论模式，而且与正确之个案作业这一实践任务相吻合。[36]（欧盟指令的超国家影响使得这一模式变得更复杂！）

[例：] 建筑管理部门下令拆除一座房屋。这一命令是有效的吗？为此它需要一个授权规范。这可以在《建筑条例》中被找到。这一条例（法规）是有效的吗？为此法规的制定者需要一个授权规范。这可以在《建筑法》中被找到。这部建筑法是有效的吗？为此它必须符合基本法，尤其是第80条关于法规授权的容许。对于宪法的有效性，我们将在第124页以下再进行追问。

从阶层模式出发，我们可以更好理解很重

---

[36] Hanau, in: Hanau/Adomeit, Arbeitsrecht, H II, 根据劳动法的阶层构造检验了雇员的工资请求权：允诺、合同、企业协议、集体合同、制定法、宪法。

要的基本法第80条：将它视为一种形式上的拘束，从而来限制可能的授权。

c) 主体规范或组织规范

如果宪法或制定法想要给予授权，就必须要存在合适的受众。如果它们有待设立——像法人、研究所或委员会（企业主委员会、职工委员会）——那么就必须要提到形成它们的条件。一旦不存在企业主委员会，《企业条例》中所有关于企业参与决定的条款都将成空。

甚至对于自然人而言也是如此。如下语句

> "所有人都具有权利能力"（参见《德国民法典》第1条）

在今天是如此理所当然地发挥作用，以至于人们在其中没有发现什么规定性内涵。但它确实是存在的，这体现在，有些令人尊敬的法秩序并没有赋予其治下的部分子民以主体资格，如罗马法之于奴隶。尽管今日处于基本法之下的民法无疑被施加了无差别地将所有人都作为主体的义务，但《德国民法典》第1条不亚于是对这种宪法义务的满足。故而：

"即便是自然人也是法律上的人"[37]。或者：如果没有被主体化，人就仍然只是"自然人"，至多只作为构成要件特征与法秩序相关。但请别为此感到不安：我们是有权利能力的。

是否将主体规范或组织规范区分出来作为特殊的范畴，属于合目的性的问题。有些人只想将它们视为特殊形式的授权，视为"行使授权的主体条件"[38]。

但组织条款的实质意义及其在许多制定法（公司法、参与决定法、高校法）中所能容纳的巨大空间都支持要对它们进行特殊对待。

组织规范与授权规范的同类性体现在，不遵守它们——如果并没有同时违反行为义务的话——只会导致行使行为或组织行为无效：企业主委员会的选举是可撤销的，社团未曾获得权利能力，建设性不信任投票并不会使总理下台。

---

[37] Lehmann, Allgemeiner Teil, 7. Aufl. S. 397. 也可参见 Windel, Ist der Mensch eine "juristische" Person?, in: Gödicke u. a. (Hrsg.), FS Schapp 2010, S. 537ff.

[38] Ross, Directives and Norms, 1968, S. 130："……规定何人有资格来实施创设规范之行为的那些（规范）（主体权能）。"也可参见 Röhl/ Röhl, Allgemeine Rechtslehre, 2. Aufl. 2008, S. 237ff.

5. 民法基础理论

a) 权利

对于某种行为之义务在规范逻辑上很容易把握：**作为某个行为规范之受众的地位**。某种义务可能是一般性地针对法秩序存在的，而没有任何特定的个体作为受益者：例如所有《德国刑法典》上的义务，它们大多数时候是不作为义务（不得谋杀等），只在极少情况下才属于作为义务（"纯正不作为犯"）。只有《德国民法典》第823条第2款（保护法）才提供了向民法义务体系转化的渠道。在刑法中，虽然也保护个人法益，但位于中心位置的是国家对暴力的垄断，是它证立了这些义务及其对违反它们的制裁。

相反，对于民法来说典型的情形是，义务是相对于某人而存在的，后者的权利对应于这种义务。例如《德国民法典》第241条主要规定的是向他人所为的给付。但即便当人们负有不侵害财产、甚至占有（财产）的义务时，受益者也是各该所有权人或占有人。如此，规范逻辑关系就变成了三分法，除了规范的创设者和受众外，还有**受益者**。

第一部分　规范逻辑

权利思维方式被一些理论家认为是多余的。尤其明显的是凯尔森：

> "相关事实可以完全用这种（一个或数个的）个人义务来描述，即相对于其他个人以特定方式来行为。"（《纯粹法学说》，第132页）

权利和义务并非两种法律事实，而是一种，它们是从不同角度来说的，这是对的。但将权利完全还原为程序性的手段（"诉权"）就不对了。请求权就已赋予其持有人一系列的自由去介入义务人的地位：提醒、威胁起诉，在紧急和特殊情形中采取自助措施（《德国民法典》第229条），这种自由通过《德国民法典》第398条关于在新老债权人之间转让的授权而得到强化，这一转让并不需要告知债务人（当银行将其债权转让给讨债公司时，这令很多贷款人感到不寒而栗）。

通过**自助**我们可以——即便在法秩序**垄断暴力**的前提下它只是例外情形——来很好地理解权利的含义。权利人获得了介入义务人之领域的可能性——从规范逻辑的视角来看这是一种对侵入的**允许**。（提醒的侵入性体现在，在工业产权中，对不作为的不合理提醒被视为违法：《德国联邦最高法院民事判例集》

62，29。)

人们可能会将**所有权**——作为绝对权的例子——认为是人和物之间的关系。但在严格意义上说来，物位于法秩序之外，因为它们并非是应然规则的子集。康德对于可能存在物权的观念感到异常愤怒（《法律学说》第11节）。物权同样是人和人之间（潜在的）关系，只是在构成要件上与物相关联而已。

> 根据《德国民法典》第903条的规定，所有权的根本性内涵是利用（"随意处置"）和防御（"排除他人的一切干涉"）。这在法律上意味着什么？所有权人被赋予了一种行动的自由，一种宽泛的允许。在防御领域中，这种允许也可延伸至如上锁、围上篱笆这些设立边界的行为，乃至紧急状态中的自卫。很容易就可以看出，正当防卫条款（《德国民法典》第227条）具有允许的性质，因为它构成了对暴力的普遍禁止的例外。当地产所有人在草地上竖了一块"禁止入内！"的牌子时，这意味着什么？大多数人会将它看作是对既存之法律状态的事实提示。但欧根·布赫（Eugen Bucher）[39]却从字面上去

---

[39] Bucher, Das subjektives Recht als Normsetzungsbefugnis, 1965; Röhl/Röhl, Allgemeine Rechtslehre, 3. Aufl. 2008, S. 237ff., S. 55ff.

理解这种"禁止",将它视为有效的规范。对他来说,每个权利都是对创设规范之最低层级的授权——对阶层构造论的一种连贯的推衍!最后,要补充说明的是,在所有权以及其他绝对权被侵害的情形中,对它们的保护是通过次级请求权来实现的,如《德国民法典》第1004条规定的不作为请求权,第985条和/或第812条规定的返还请求权,第823条第1款规定的损害赔偿请求权。

b) 霍菲尔德的权利与权力理论

北美学者霍菲尔德(Hohfeld)在1913年提出了一种著名的权利推衍理论。[40]他以对小词"权利"的语言用法为出发点,发现了"权利"的四种极相似的含义:

1. 请求权(claim)。例如,"我有权向您索取1000欧元!"
2. 自由[也可译为"特权(privilege)"]。例如,"我有权使用这一通道!"

---

[40] Hohfeld, Fundamental Legal Conceptions, Yale University Press 1964(来自于对1913年和1917年发表的两篇论文的重印)。

3. 权力/权限（power）。例如，"我有权向你下命令！""不管怎么样我是你爸！"

4. 豁免（immunity）。例如，"我有权自己管自己的事！""你忘了，我从昨天起就已经成年了！"

通过进一步的观察可以发现，1和2，3和4之间存在着紧密关联，也即否定性对立的关系。一项既存的请求权部分否定了相对的行动自由，而行动自由以不存在请求权为前提（在民法中，不存在不作为请求权被不精确地称为"容忍义务"）。并且，一项既存的权限（power[41]）否定了相对的豁免，豁免以不存在某种权力关系为前提。此外还可以这样猜测，1和2涉及对行为的调整，而3和4涉及对权能的调整。这一点通过雇主的指示权和父母/子女关系很容易就可以理解。

c) 指示权与其他形成权

雇主可以给其雇员，父母可以给其孩子下命令。

---

[41] 霍菲尔德将对私人自治的授权也归入"power"之中。作为例子，他举出了弃权、处分权、代理权和一般意义上的"创设契约义务的权力"。重要的文献还有 H. L. A. Hart, Bentham on Legal Powers, Yale Law Journal, Vo. 81 (1871/72), S. 799ff.

第一部分　规范逻辑

尽管旧称"elterliche Gewalt（亲权）"（它具有清晰的优点）长久以来已经被亲切关怀的表述"Sorge（亲权）"*所取代，但抚养子女的命令授权和确定孩子居留地的权利还是被保留了下来。父亲那绝对要被服从的命令（在征得了母亲的同意之后）——

"你最迟要在晚上十二点前回家！"

——意味着什么？从法理论的角度看，将这看作是一种命令类型的行为规范不存在任何问题。法理论上的规范概念要被宽泛地理解，穷尽可能之法律后果规定的全部领域，而不能与实在法上的规范概念（《德国民法典施行法》第2条，《民事诉讼法》第546条）相混淆。这种限制在午夜前回家的授权基础是《德国民法典》第1626条及以下条款，尤其是民法典第1631条（"监督"）。最重要的是，父母和子女的关系就此而言并非请求权和义务的关系，而是一种**权力依赖关系**。由于制定法的规定，父母有下达命令的权限，由此才**创设出**有效的**义务**。成年将摆

---

* "elterliche Gewalt"和"Sorge"在中文中都被译为"亲权"（参见杜景林、卢谌：《德汉法律经济词典》，对外经济贸易大学出版社2011年版，第224页）。但"elterliche Gewalt"字面译为"父母的权力"，而"Sorge"字面译为"照料"，所以作者说前者清晰，说后者亲切关怀。——译者注

脱这种依赖，并最终进入到"豁免"（霍菲尔德）的状态。

对于雇员来说也一样。但劳动法上指示权的制定法基础并不容易被找到。人们说，雇员根据合同服从于雇主的指示。如果某人自愿（通过合同）进入依赖关系，那么人们就可称之为**服从**［伯蒂歇尔（Bötticher）］：一个合同当事人授权另一个当事人强加义务给自己。这是否被允许，只能根据《德国民法典》第315条第1款（"给付由一方当事人来确定"）规定的上位规范来判断；但存在公平衡量这种（不清晰的）限制。

故而这里的指示权同样是一种权限类型的权利。对于雇主来说不存在什么请求权，但却——这更强——存在自行创设请求权的可能。在民法体系中，这类权限被称为**形成权**。属于它们的还有对法律关系施加消极影响的可能，如解除权、撤销权。

d) 合同与私法自治

运用债权合同，当事人通过命令/禁止这类行为规则，通过得到《德国民法典》第311条第1款授权的规范来（部分地）调整他们之间的法律关系。尽管在一个具有如下样式——

第一部分 规范逻辑

"我要那个!"

——的快速缔约的买卖行为中并没有任何具有规范性意义的话语交换,在自助商店的情形中甚至双方没有说任何话。这是因为通过我们的《德国民法典》第433条及以下,当事人被免除了这种负担。他们没有作出的调整预先就被安排好了。在私人间议定的合同,尤其是经公证的合同中,每一个义务都以最精确的方式(通过条款)被详述。

对合同的规范性理解说明,制定法与合同是可互换的(基于制定法的请求权和基于合同的请求权:两者都是请求权基础);合同与制定法一样能够表达禁止和命令(合同上的竞业禁止!);制定法与合同可能会发生冲突(冲突解决规则:非强制的,强制的);而通过累积相协调之合同规定(统一合同、一般性条款)会出现类似于制定法的效果,这继而也会导致它们可被修改或带来抽象的规范审查程序。事实上对此也存在一致观点。关于规范概念的术语争议或许是无益的。所以《法国民法典》第1134条规定:

"以具有法律效力的方式缔结的约定对于缔约方而言具有制定法的地位。"

有争议的是关于合同调整权之来源。就如同在集体合同（参见前文第8页）那里一样，这里同样存在**授权理论**与**自治理论**的对立。后者强调私人自治思想，并想将自己通过合同承担义务的可能看作是一种自然的、先在于任何法秩序的权利。

如果是这样，那么两位尼安德特人 N_1 和 N_2 当然可以用一支猛犸象牙去交换一块便于使用的火石，他们也可以相互**承诺**进行这一交换。但在缺乏既存之法秩序的前提下，我们看不出这种承诺的拘束力基础应当为何（以私人暴力相威胁和对暴力的担忧不会创设出任何法律拘束力！）。**法律拘束力只能基于法律授权**，因此授权理论更加正确。故而将法秩序视作整体毕竟会比较省事。因为，人们在行政法中称为"行政合法性（合乎制定法）"或"法律优位（制定法优位）"的东西并没有什么特殊之处。即便在民法中，人们也需要制定法的授权（如《德国民法典》第311条：契约自由）来发生改变法律状况之效果。假如合同这种相对于在经济上和智识上处于弱势者如此危险的工具 [奥拓·冯·基尔克（Otto v. Gierke）语] 在法律上不受审查，这从社会的角度而言也可能是不合理的。[42] 私人自治的界限在过去一个世纪

---

[42] 参见 Canaris, Die Bedeutung der justitia distributiva im deutschen Vertragsrecht, 1977.

里——反复通过来自欧洲的压力——变得越来越严格：一般条款审查、消费者保护、平等对待。[43]

必须赶快补充上的是，从国家政策和经济政策的角度来看，《德国民法典》所确保的一般私法"自治"是非常合乎目的的，我们基本法的立法者也不得再次删去这种授权（即便只是部分的和在一定程度上的，它毕竟还是**法政策**这一斗争领域的授权）。[44] 然而在银行发生债务危机（通过国家的举措已被减弱！）的时期，人们倒是希望立法者曾为博彩业及时设置更清晰的界限。[45]

无论如何，合同可以被整合进法秩序的阶层构造之中。人们可以将自己通过合同承担义务的授权归入一种新类，即**双向形成权**。[46]

> **问题5**：父母允许他们的孩子做某事与批准他们做某事，这两者有何不同？（答案请见第269页）

---

[43] 对此例如参见 Wagner, Was bleibt von der Privatautonomie? in: Blaurock/Hager, Obligationenrecht im 21. Jahrhundert, 2010, S. 13ff.

[44] 关于对"受干扰之合同平等"的担保以及无效的理由，参见 BVerG NJW 1994, 36, 对此参见 Adomeit, NJW 1994, S. 2467.

[45] § 762 I S. 1 BGB（"游戏或打赌不证立拘束力"）在此是无效的，这是因为该条款第2句的存在。

[46] 关于此参见 Adomeit, Gestaltungsrechte, Rechtsgeschäfte, Ansprüche, 1969.

6. 效力与基础规范

规范逻辑部分的最后一个章节必须再次涉入效力问题。迄今为止我们已明白，效力问题在阶层构造体系内部可以很容易——在原则上很容易——就得到回答。一个规范的效力不外乎来自于另一个规范，即一个上位的授权规范（其形式上和实质上的资格还有待检验）。行政行为、法律行为、执行规章、最后还有制定法的有效性（或无效性）都要以相同的方式来确定，后者*是依据宪法来确定的。在这一体系内部，宪法是最后可诉诸的层级，在欧洲法律语境中欧盟法是最后可诉诸的层级。

但当整个体系都成问题时，换言之，当宪法的效力遭受质疑时，这套方法就不再管用了。这种质疑很容易变成绝望，因为看不到任何有希望的答案。从数百年来的思考努力中，我们可以提炼出三种效力理论。

◎ **启示理论。**《德国基本法》的序言部分谈及了"上帝"。远古时代的法秩序自认为是由上帝制

---

* 即制定法的有效性（或无效性）。——译者注

定的。历史上第一批立法者［摩西（Moses）、汉谟拉比（Hammurabi）］之所以十分受尊重，不是因为他们自己立了法，而只是因为他们曾（从上帝那里）接收了法。但至迟从梭伦（Solon）[47]开始就有了一种对立法的更加世俗化的理解。此外可能存在无信仰者和拥有其他信仰者，他们并不信服上面这套观念，而他们的信仰或无信仰受到宗教自由的保护。最后，甚至信仰者之间也可能存在争议：是否恰恰**这部**宪法是被启示了的——启示来自于谁？谁被启示？以什么方式被启示？

◎ **承认理论**。这一理论认为，宪法之所以有效，是因为大多数（？）隶属于它的公民都承认它。尖锐的批评者曾指出，如此一来，由于受到一种独立之宪法效力假定的激发，这种承认可以建立在集体错误的基础上。但即便这种承认可能是真的并可以通过民意测验来确定，也回答不了：为什么从（除一人外）所有人都承认这一点可以推出，那个唯一的怀疑者就不得不承认呢？对偏离行为的这种

---

[47] 对于他是否真的为他的雅典人民制定了最好的法律这一问题，梭伦的回答是：最好的法律自然不是，但却是他们能接受的最好的法律。

禁止（作为法律禁止）并非是显而易见的。
- ◎ **权力理论**。它接近于宪法的效力（但只是**有实效的**效力）。离开警察、法官和拘留所，一个政治体系几乎无法运转——更准确地说：没有任何政治体系能运转。而当这种权力被相对抗的权力所抑制时，法秩序也就同样倾覆了：国家敌人变成了革命英雄，恐怖组织变成了外交上获得承认的政府，违法者变成了立法者。这种以权力为支撑之宪法的正当性缺陷同样会延及效力问题。为什么我要屈服于权力？这可能是明智的——但假如我就是个持不同政见者，已准备好成为受迫害者，准备在最糟的情况下成为殉难者，权力思想就会失去它的力量。

凯尔森的**基础规范**理论认为，**宪法**（作为规范的复合）的效力与任何其他规范一样都只能由更高位阶的规范来确保。[48]因为不存在其他任何位居宪法之上的实定规范——假如有的话，那么它才是真正的宪法，我们就必须在逻辑上**预设**这种规范（基

---

[48] Kant, Einl. MS 25: "可以想象……有一种外部的立法，它包含着真正的实在的制定法，但也必须先有一种自然的制定法（法则），它证立了……立法者的权威。"故而不是别人，正是康德创建了基础规范理论！

础规范）的存在。基础规范或许说的是：

"我们的宪法是有效的！"

它是法秩序之阶层构造中最高的层级。**假如**人们想要运用这一法秩序中的规范，就必须预设它（的存在）。换言之：只有法律科学才使得这种预设成为可能。谁要将任一法秩序中的任一规范视作是有效的，就已然预设了这一法秩序的基础规范——无论他是否知道这一点，也无论他是否想这么做。

凯尔森的基础规范理论备受攻击，这是出于两个完全对立的理由：他为遭受效力瑕疵之苦的法秩序做得太少了，或者做得太多了。

太少：有人认为，通过一种纯粹逻辑上的预设是无法解决效力问题的。这是对的。不如说基础规范理论是对这一问题之不可解的一种新的杰出的表述。凯尔森让（基础规范理论的）不接地气性展现得如其所是地那般极端清晰。他的理论认为，无政府主义的立场与坚定地忠诚于法的立场**在逻辑上**是等值的。法秩序具有正当性的缺陷——一切法秩序！凯尔森这位经常（过于经常）自称是实证主义者的学者，离真正的实证主义立场——

> 法律就是法律（制定法就是制定法）！
> ——相去不可以道里计。

> **问题6：** 上面所引的这句话是同义反复吗？（答案请见第269页）

太多： 有些人说，他没有能赐予**每部**宪法以基础规范之福，而是从正义理念中推导出了实质性的条件，就像奥古斯丁（Augustinus）那样将国家仅仅看作是不合正义的"巨大的匪帮"（magna latrocinia）。希特勒的法秩序也有基础规范（法理论视角下的"嗨希特勒！"）？实际上凯尔森对所有法秩序都等同视之，并拒绝将正义作为法理论的概念。这与其科学理论上的纯粹观念有着直接的关联。他的传记[49]告诉我们，他曾在政治上勇敢地与法西斯主义做斗争，并遭受了很大的不幸。而他的基础规范**只是**一种没有人必须要作出的预设。我作为主体是否要将它虚构为一个具体的法秩序，这不是一个具有逻辑后果的逻辑问题，而是一个具有政治后果的政治问题。

---

[49] Métall, Hans Kelsen-Leben und Werke, Wien 1969; Adomeit, Hans Kelsen 1881-1973, Rechtstheorie 1973, S. 129ff.

第二部分 方法论

I. 原　理

传统上会将**民法法系**（欧陆）与**普通法法系**（英美法）的法秩序区分开来。前者以伟大的私法法典为其标志，而后者的典范是法官法（Case Law）。故而前者优先受到制定法的拘束，[1]后者优先受到上级法院之裁判的拘束（也总是存在相互影响，参见第52~54页）。但今天它们之间的共性要大于它们之间的差别。我们同样也认可德国联邦最高法院的裁判至少在事实上具有很强的拘束力，而在英美国家里立法也在不断加强。

然而，民法法系中法律人的作业方式**抽象化**程

---

[1] 对此的概述参见 Hassemer, Gesetzesbindung und Methodenlehre, ZRP 2007, S. 213ff. 及其重要的提示：裁判的发现（寻求解释结论）与裁判的证立（为结论辩护）可能受制于不同的规则（第218页）。

度更高。这是因为对于他们来说，一切法律问题的出发点都必然在于制定法，而不在于具体案件的观点。只有当弄清该如何来理解一部制定法的构成要件之后，才能将具体事实涵摄于其下。

欧陆法学方法论、因而也包括德国法学方法论，首先涉及的是**适用制定法**来解决法律问题。一部制定法能否被适用（以及具有何种后果），要通过对它的解释来查明。故而德国法律人的目光总是要先放在制定法上，而不是放在评注书或其他著作之上（也可参见第43~44页）。

但可以解释的并不只有制定法。在大学的第一个学期您就已经知道，需受领的**意思表示**与**合同**也必须要根据《德国民法典》第133条和157条来解释，以便去理解当事人可辨识之意思并恰当地顾及这种意思。其他标准适用于对**遗嘱**（它并不是需受领的意思表示）的解释（《德国民法典》第2084条）。因此在这里表意人的意思要比交易保护来得重要。

由此我们就已触及法学方法论的内核：它主要涉及的是解释（Interpretation）。对此人们早在2000年前就已经有过思考。

第二部分 方法论

1. 罗马法学家论制定法解释

最早的方法论建议被汇编在《**学说汇纂**》第 1 卷第 3 部分（论制定法）之中。

> 《学说汇纂》(也被称为《潘德克顿》，"包括一切"的意思）是《**民法大全**》最重要的组成部分，它是东罗马帝国皇帝优士丁尼（Justinian）于公元 533 年颁布的，具有制定法的效力，从文艺复兴之后流行于整个欧洲（"罗马法的继受"）。在德国，它直到《德国民法典》生效之前都一直部分地具有效力。这里所引用的具体学说取自古典时代（主要是公元 2 世纪到 3 世纪）罗马法学家的著述，有时会进行一些编辑上的加工（"内插法"）。就内容而言它们要更加古老，起源于法律实践的悠久传统。

莫德斯蒂努斯（Modestinus）表达了对于制定法的一般观点：

> 制定法可以是：命令、禁止、允许、惩罚 (Dig. 1, 3, 7)。

人们必须去读制定法（"lex"与"legere"看上

去差不多*),但经常找不到他所要寻找的东西。制定法包含着经常出现的东西(ea quae plerumque accidunt, Dig. 1, 3, 10),即规则就足矣。

尤里安(Julian)说:

> 并非所有的个别情形都能通过以制定法或元老院决议选拣出的方式被把握;但如果在具体案件中它的意义十分明显,那些有责任作出裁判者就必须要向相似的(**意义**)靠拢,并据此进行裁判(Dig. 1, 3, 12)。

故而人们可以从这一意义[=观点(sententia)]中通过类比推导出相似的规则("similia")。至于**类比**的原理,尤里安将其说明为:

> 与之相邻之事,即可从中得知(Dig. 1, 3, 32)。

我们可以通过这种方法来远离词义么?为此,塞尔苏斯(Celsus)曾强调并为《德国民法典》第133条所抢先认识到的是:

---

* 在拉丁语中,"lex"指的是"法律(制定法)","legere"指的是"阅读"。——译者注

认识制定法并不意味着固守它的词义,而是要维护它的力量与权力(=意义?)(Dig. 1, 3, 17)。

乌尔比安(Ulpian)也认为:

"……一旦如此这般的内容为制定法所采纳,那么就有很好的理由,通过解释、也自然可以通过司法裁判来对其他追寻相同目的之规范进行补充"(Dig. 1, 3, 13)。

目的(=功用)在解释活动中是一个十分多义的概念。它与词义之间的关系是什么?法学家保罗(Paulus)说:

假如词义是单义的,就不允许去追问意志(意思)的问题(Dig. 32, 25 1;参见 Dig. 32, 69, pr.)。

"接收者"就不值得保护,因此关键在于立遗嘱者的真实意思——即便他没有谨慎地选择语词。

但保罗的这段话是可争辩的。没有任何词义能忍受荒谬的意义。人们会一直围绕单义之物打转,直至它变成双义为止。当存在双义时会发生什么事呢?

塞尔苏斯认为:

> 当制定法出现双重声音时，要接受的毋宁是那种可免于错误的意义；尤其是当从中可提炼出制定法之意思时 (Dig. 1, 3, 19)。

这里人们肯定想弄清塞尔苏斯是如何理解错误（vitium）的：是逻辑的错误还是社会的错误？新颖的是后半句话中那个在今天已经众所周知的公式，即制定法的意思（"voluntas legis"）。人们如何接近它？塞尔苏斯继续说道：

> 在通读整部制定法之前，就从单个规定出发作出裁决或就此提出建议是不合适的 (Dig. 1, 3, 24)。

故而这就提示去关注**语境**，即所有制定法条款间的关联，或许这就已经指向了制定法的**体系**。相反，保罗强调的是传统，即流传下来的习惯：

> 当追问制定法之解释时，首先要去研究，国家早先在同类情形中曾运用何种法；因为制定法的最好译者就是习惯 (Dig. 1, 3, 37)。

这是个支配罗马法律人之实践的准则。但不仅仅是**他们**的实践。我们在作出裁判之前同样会问，以前是怎么裁判的。

最后,还是保罗曾针对具体情形中的衡平(=正义)这一一般条款说道:

> 在任何地方,尤其是在法中,都要确保**衡平**(Dig. 50, 17, 90)。

这已为我们所熟知,因为《德国民法典》第157条也将"诚实信用"作为解释手段(!)来使用。

上述所引的这些段落已展现出**法学方法问题的所有方面**,但并没有提供任何一幅统一的、封闭的图景。一会儿是词义在起决定作用,一会儿又是意义;这里强调具体的位置,那里强调语境;一些人考虑的是传统,另一些人更多考虑的是理性。对这堆观点进行整理,是追随大约13世纪左右之"学说汇纂"传统的萨维尼的功劳。

2. 弗里德里希·卡尔·冯·萨维尼(1779~1861):经典学说

在1840年出版的《当代罗马法体系》[2]第1卷第33节中,

---

[2] 参见 Rückert, Savignys Dogmatik im "System", in: Heldrich u. a. (Hrsg.), FS Canaris 2007, Bd. II, S. 1263.

> **问题7**:这部著作奇特的标题是什么意思?(答案请见第269页)

可以读到:

"如果我们去分解解释的组成部分,(解释的)独特性就会显现出来。因此,我们必须在其中区分出四个要素:语法的、逻辑的、历史的和体系的。

解释的语法要素以语词为对象,它在从立法者的思考向我们思考过渡的过程中发挥了中介作用。因此,它是在描述立法者所使用的语言法则。

逻辑要素涉及思想的划分,即思想的具体组成部分相互之间的逻辑关系。

历史要素的对象是通过法律规则确定的这样一种状态,它是制定法出台时针对当时的法律关系的状态。制定法通过特定的方式影响这种状态,历史要素应将这种影响(它通过这部制定法被新嵌入到法之中)的方式清晰直观地展现出来。

最后,体系要素涉及将所有法律制度和法律规则联结为庞然一体的内在关联。这种关联和历史要素一样浮现于立法者的眼前，故而只有当我们清楚这部制定法与整个法律体系之间具有什么样的关系，以及它是如何被嵌入整个法律体系中的时候，我们才能充分理解立法者的思想。"

我们可以将解释时要使用的、由四个具体操作步骤组成的**萨维尼式四度和音**稍作重心变动后确定为：

I. **词义**（"语法的"）
II. **语境**（"逻辑的"=体系的）
III. **发生史**（"历史-起源学的"）
IV. **目的**（"体系的"=目的论的）

萨维尼的逻辑要素已然（它超出语法之外）是一种体系要素了，因为它只有从文本的关联和制定法的体系中才能获取养分。在萨维尼的"体系"检验中不可避免会用到目的，以便去追踪"内在关联"。尽管"严格说来（！）……关于制定法之理由（ratio juris）的洞见"不属于解释的任务，但萨维尼认为，假如制定法的理由是"确定的"（？），至少"使用这种制定法理由"就毫无问题。并且，尽管"结果的内在价值"（这尚不意味着：它的社会后果）

"在所有辅助手段中是最危险的，因为由此会很容易让解释者逾越其活动的界限，而侵入立法者的领域。"

但是：当"表述不确定"时也可以使用这种手段。故而：**萨维尼已经在进行目的论的思考了**。谁要是不想承认这一点，必然会在鲁道夫·冯·耶林的著作《法中的目的》中看到对萨维尼解释理论的大力补充和纠正。

萨维尼的方法规则能为我们提供什么？立马会出现这样两个反对意见：

- 每种具体的操作方法都可能导向不确定的结果，或者说没有任何结果。词义可能具有双重意义；关于体系可能存在争议问题；发生史经常存在矛盾，并充满了流派斗争；而伴随着目的论正确的问题人们会毫无防备地进入政治思想的领域。无论是萨维尼还是任何一个遵从其传统的思考者，都没能提供从不清晰性中过滤出清晰性的标准。
- 具体的操作方法可能会导向不同的结果。词义可能与体系或发生史相对立，体系可能与目的相对立，等等。为了随后能作出确定的裁

第二部分 方法论

判,人们需要一种并不存在的**解释性操作方法的顺序**。在萨维尼看来,"自然有时是这种(方法),有时是那种(方法)更加重要,更加清晰可见",这事实上是将从前和今日之实践确定了下来,即便这一文本令人如此不满意。希尔施(Hirsch)[3]早就以几近嘲笑的口吻谈论过那种不断变换使用解释标准的做法。

人们可以发现足够多严守(所谓人们不能错过之)词义的判决:这是**严格实证主义**的态度。过去有、现在也有一些法官和教义学者,他们从科学的体系和概念出发进行推论,而不顾及先前或未来的发展:(以其消极形式存在的)**概念法学**。对于其他人来说,历史上立法者的意思构成了终极标准:**主观理论**,而与之相对的**客观理论**追问的则是"制定法的意思"。[4]但制定法难以成为具有意思能力的主体。相反,所有受耶林影响的思潮都站在目的一边,最清晰的是**利益法学**,据此,制定法所做的利益评

---

[3] Juristenzeitung 1961, S. 299 (300), Rezension von Coing, Die juristischen Auslegungsmethoden, 1959.

[4] 关于这两种理论的详细阐述参见 Rüthers/Fischer, Rechtstheorie, 5. Aufl. 2010, S. 498ff. 清晰倾向于主观理论的最近有 BVerfG NJW 2011, 836(联邦最高法院关于计算婚后生活费用的三分法逾越了可容许之法的续造的界限),对此参见 Rüthers, Klartext zu den Grenzen des Richterrechts, NJW 2011, S. 1856ff.

价具有决定性。**自由法学派**甚至更进一步想让法官（偶尔？总是？）摆脱制定法的目的，以便使不受迟延的法律进步成为可能。

这对于自由法学派所处的那个年代来说是耸人听闻的，但无论如何，高等法院的——公开的或隐蔽的——**法的续造**之容许性（被1935年的《法院组织法》所引入！）已被认可，[5]甚至为立法者所认可，从而后者（部分地）剥夺了自身的权力。[6]法的续造的前提是如此开放，并具有一般条款的性质，以至于完全无法估量，究竟何时才应当采取这一操作方法。

因此，这里最好举两个运用萨维尼的方法规准的例子。

诱饵要约（伴侣中介）

A通过电话在B那里登记了伙伴中介。起因是一份报纸上的广告，说有一位名叫"比依"并附有"顾客真人照"的"迷人奔放的"女士正在寻找伴侣。不久之后，A在住处签署了一份中介合同。A支付了7900欧元的酬金，但却没有像希望的那样联系上"比依"。因此他撤销了

---

[5] 也可参见 BVerfGE 34, 269, 286（"索拉娅案"）：据此，"创造性的法的发现"属于法院的任务和职权。

[6] Fischer, Topoi verdeckter Rechtsbildungen im Zivilrecht, 2007, 对此参见 Adomeit, JZ 2008, S. 299.

这份合同，出于一切可见的原因不承认它，并起诉要求取回酬金。[7]

根据《德国民法典》第 812 条第 2 款第一种情形（给付不当得利请求权），**返还请求**的前提是特定的，即 A 的给付没有法律基础。当合同无效或实际上被撤销时，就可能属于这种情形。

故而，**依据立法者的意思**，对缔结婚姻之情形证明或成就婚姻之中介的报酬的承诺无法证立任何拘束力（《德国民法典》第 656 条第 1 款第 1 项），这是不够的。这条规范虽然也被**类似地**适用于伴侣中介（1900 年《德国民法典》的立法者尚不知晓它），但在被支付后，已给付之物不能被要求返还（《德国民法典》第 656 条第 1 款第 2 项）。出于这一理由，在伴侣中介中预付酬金是常见现象。

因此不同的法院都曾详细地去探讨这样一个问题：合乎《德国民法典》第 138 条第 1 款的合同是否无效，因为它涉及违反善良风俗的诱饵要约。这里的背景是 A 的这样一个主张："比依"压根就没有被介绍给自己。

杜塞尔多夫州（Düsseldorf）高等法院肯认这份

---

[7] BGH NJW 2008, 982ff.

合同违背了善良风俗，因此是无效的，因为这位顾客（A）产生了这样的信赖关系，即缔结合同并支付酬金使得他有机会去结识他的"梦中情人"，虽然这就一开始就是不可能的。

但这没有令联邦最高法院感到满意，它更准确地去探究了有没有出现**违背善良风俗**的情况。

就此而言，《德国民法典》第 138 条第 1 款的**词义**帮助不大，因为它只包含了善良风俗这一不确定法律概念。法律在其从**内容、动机和目的中提取出来的总体性质**上要与法秩序和风俗秩序的基础性评价相容。一种基于欺诈的法律行为虽然有时根据《德国民法典》第 123 条第 1 款是可撤销的（继而依据《德国民法典》第 142 条第 1 款是无效的），但依据《德国民法典》第 138 条第 1 款这种欺诈并不自动导致无效（**体系性论据**）。作为单身汉之利益攸关者的生活处境及其改变这一状况的具体希望，以及中介者的逐利行为（只）在《德国民法典》第 123 条第 1 款中被考虑。

但究竟事实上是否出现了欺诈，这就像是否出现"诱饵要约"那样（迄今为止）无法被证明，这也是为什么先前的法院驳回了（起诉）。

起诉者更关心的是联邦最高法院的这一提示：州高等法院应当同时检验，是否应当因为这种上门推销而承认 A 的**撤销权**,因为合同毕竟是在他家里签订的。根据《德国民法典》第312条第1款第1项第1目,存在这种撤销权的前提是,消费者已确定地与经营者在其私人住宅中订立了合同。在当前的情形中,"消费者"这一概念显得有些轻率。此外,根据《德国民法典》第312条第3款第1目,如果对私人住宅的拜访是出于消费者"事先预定的行为",那么就不承认存在这种撤销权。但现在联邦最高法院在一个十分相似的案件中[8]基于上门推销或典型的偷袭情境肯认了这种撤销权。

而对于较高等级者而言可以来看第二个例子:

eBay 拍卖的撤销权

V 从事珠宝首饰的经营活动。他在 eBay 上放了一只手镯,在 7 天内进行拍卖。K 在时间终止前出了最高价(250 欧元),但却拒绝收货和付款。V 要求其支付。他有权这么做么?[9]

根据《德国民法典》第433条第2款,在以同时给付的方式移交和转让了手镯(《德国民法典》第320条)之后,他才能够要求支付买卖合同所约定的250欧元。

---

[8] BGH NJW 2010, 2868.
[9] 案情参见 BGH NJW 2005, 53ff.

这里的前提是存在一个相应的买卖合同，它必须是要通过要约和承诺现实地产生的。有拘束力的要约已经通过将货物放在 eBay 上出现了（作为解释的辅助性手段，我们可以援引 eBay 的一般交易条款）；故而它是 V 所发出的。

有疑问的是 K 的承诺。从构成要件上讲，他通过其出价已经给出了某种意思表示。这已经被送达，因此首先是有效的。然而，如果 K 曾撤回承诺的话，他就可能不受此拘束。拒绝收货和付款的行为可以被视作一种（默示的）撤销。但有疑问的是，K 究竟是否拥有这种**撤销权**。

撤销权对人与对事的适用领域原则上包括远程销售（《德国民法典》第 312d 条、第 355 条）。K 是消费者（《德国民法典》第 13 条），而 V 是经营者（《德国民法典》第 14 条）。此外，这次交易完全是通过远程交流手段即使用网络来完成的（《德国民法典》第 312b 条第 1、2 款）。

但根据《德国民法典》第 312d 条第 4 款第 5 目，这种撤销权**被排除掉**了。

故而关键在于，这份合同是否是以这一条款意义上之**拍卖**的形式来缔结的。

这一规范的词义（I）支持"拍卖（《德国民法典》第 156 条）"。在 eBay 那里所用的名称也是"拍卖"。

故而根据一般语言理解，可以假定进行了一场拍卖。然而，根据《德国民法典》第 156 条，合同只有经过拍定才能成立。有别于例如艺术品拍卖，在 eBay 那里并不会规定特别的拍定，而是在期限终止后合同即成立，最后出最高价者"获胜"。相反，拍定可能是拍卖人的这样一种意思表示，即他接受这一出价。故而词义毋宁反对适用《德国民法典》第 312d 条第 4 款第 5 目。

人们必须**从体系上**（II）质疑认为，《德国民法典》第 312d 条第 4 款第 5 目包含着一种原则（第一个条款规定的撤销权）的例外，因此要得到严格的执行。

人们可以援引《远程销售指令》（*Fernabsatzrichtlinie*）* 来支持**历史解释**（III），德国的规定最终以此为基础。据此，在远程销售活动中应当保护消费者的撤销权，因为他在缔约前无法查看货物。[10]然而根据第 3 条第 1 款，指令并不适用于"通过拍卖而缔结的合同"。但只要限制指令自身的适用领域，就

---

* 即欧盟关于远程销售的 97/7/EG 指令，是欧盟议会和理事会于 1997 年 5 月 20 日关于缔结远程销售合同时对消费者保护的指令。——译者注

[10] 关于这类消费者保护权以及关于消费者一般保护可以正确地进行争议——参见 Adomeit/Hähnchen, Caveat emptor oder Käuferschutz um jeden Preis? in: Muscheler (Hrsg.), FS Liebs 2011, S. 1ff.

并不禁止国内立法者去进行宽泛的消费者保护。从更精确的立法流程（政府草案、论证、法律委员会的决策建议）可知，如 eBay 上那类网络拍卖应当受制于撤销权。（立法者）所考虑的排除（撤销权的情形）毋宁是通过电话参与拍卖的出价者。

排除《德国民法典》第 156 条意义上之拍卖的撤销权的**意义与目的**（Ⅳ）在于这样一种考量：撤销权会不成比例地加大这种拍卖的难度。人们不能退回到次优的要约，而重新组织一次拍卖又要有相对巨大的花费。eBay 的情形与此不同，因为卖方能够向"处于弱势的出价人"作出买卖要约。即便重新组织一次拍卖花费也非常小。此外，《eBay 一般交易条款》第 6 条第 5 款明确规定经营者负有"告知消费者法定撤销权"的义务。如果经营者使用了远程销售这种方式，他们就必须做好这样的思想准备：消费者会行使撤销权。假如 eBay 不存在针对经营者的撤销权，那么估计很多邮售商就都（只）会用这种方式来卖货了。

故而解释的结果是，eBay 并非《德国民法典》第 156 条意义上的拍卖，因此撤销权并不会根据《德国民法典》第 312d 条第 4 款第 5 目被排除。同样不应该对《德国民法典》第 312d 条第 4 款第 5 目进行相应适用（类推适用），因为并没有出现**违反计划**

的规整漏洞。因此，K可以有效地撤销其意思表示（无需理由）。这里不存在承诺，因而V和K之间并不存在有效的合同。

V不能要求K支付250欧元。

3. 合宪性解释与合指令解释

由于要考虑法秩序的统一性以及基本法与欧盟法的优先性，今日之制定法解释的任务要更加复杂。

上位法优于下位法。这种阶层构造（规范等级构造）自凯尔森（《纯粹法学说》）之后就成了主流观点（参见前文第133页及以下）。自此对制定法的每一种解释都必须照顾到，当存在多种可能的意义时与上位法相一致的意义优先。

但如果通过制定法解释获得的清晰的解决办法与上位法并不和谐，此时当如何？例如，尤其是德国宪法法院关于亲属法的司法判决（涉及妇女和非婚生子女——在《德国民法典》中，没有其他领域比这一领域在过去数十年中经历过如此根本性的改变了，参见第241~243页）表明，1900年的《德国民法典》有多处与1949年基本法上的平等原则不相符。对于前宪法的法，也即先于基本法生效的法，德国宪法法院假定了一种一般性的**法官驳回权**（*rich-*

terliche Verwerfungskompetenz)。相反，对于后宪法的法，则只有德国宪法法院才享有这种权能。

和普通法与宪法之间的这种阶层关系相类似的关系同样存在于国内法与欧盟法之间。原则上，成员国已将其主权部分地让渡给了**欧盟**，并自我承担了将后者的法作为上位法予以尊重的义务。[11]因而对于欧盟法律文件的解释权和驳回权仅属于欧洲法院（EuGH）。

在此情形中，**指令**扮演着一种特别的角色，根据《欧盟工作基础协定》（AEUV）第288条第3款[旧《欧共体条约》（EGV）第249条第3款]，它需要被转化才能适用，也即不能直接（在国内）生效。尽管如此，《国内转化法》（同样）要依据各该指令来解释，因为这些指令就其目标而言是具有拘束力的。

那么，对于国内法而言，假如它不符合指令，（法官）是否也有一种驳回权呢？这一问题可以通过一个特别著名的例子（"奎勒邮售商店厨房用具案"[12]）来予以直观的说明：

> 消费者K于2002年夏出于私人用途以大约

---

[11] 但成员国依然保留了关于经济、文化和社会关系之政治形成的空间，参见"里斯本判决"（BVerfGE 123, 267 = NJW 2009, 2267）。

[12] 向欧洲法院的提交决议：BGH NJW 2006, 3200; EuGH NJW 2008, 1433; BGHZ 179, 27 = NJW 2009, 427.

520欧元的价格在邮售商店"奎勒"（V）订了一套厨房用具。这一商品于2002年秋寄发。2004年1月，K发现其烤箱的搪瓷层脱落了。因为无法修补，V又寄给了她一个新的烤箱。鉴于已经用了一段时间（旧烤箱），V要求K支付大约70欧元，并授权一家消费者协会——本案中的起诉方——去主张偿还。

下级法院支持偿还请求。2006年，德国联邦最高法院根据《欧共体条约》第234条（现在是《欧盟工作基础协定》第267条第3款）向欧洲法院呈交了这样一个需初步裁决的问题："消费品购买指令"的规定能否被解释为，它们与德国关于（再交付情形中的）用益偿还之制定法规定是相对立的。欧洲法院于2008年4月作出裁决，确实如此。

德国关于被返还之用益补偿的请求权基础是《德国民法典》第439条第4款，第346条第1款、第2款第1目第1项。其前提（"有效的买卖合同"、"货物的瑕疵"、"通过再次寄发的追加执行"以及《德国民法典》第100条意义上的"用益"）已经出现。尽管如此，**法律后果却备受争议**（见德国联邦最高法院提交决议中的详细证明），恰恰是因为欧盟法可能会为消费品的购买设置界限。这一案件异常吸引人的地方，不仅在于依据萨维尼的方法准则所进行的双重解释努力（只有当德国联邦最高法院对德国法进行了解释后，德国政府和欧洲法院的检察总长才在其立场陈述中对指令进行解释——解释的结果相反），而且也尤其在于**方法上的问题**。这是由于迄今为止德国的方法论与从那时起发展起来的欧盟方法论之间的差异造成的。

具体而言："消费品购买指令"第3条中多次强调，如果没有重大不便，为消费者改进（货物）必须是无偿进行的。因此用益补偿就被排除了（因为违反指令）[13]，许多德国文献、包括下级法院和欧洲法院都是这么认为的。用益补偿会妨碍消费者去主张其权利。如果卖方自愿寄发一件新的货物——他并没有义务这么做（参见《德国民法典》第439条第1款和第4款的词义，它只规定了"无瑕疵"，而没有规定"新价值"），那么他就强塞给了买方一种权利。对于德国制定法词义与指令之间假定的冲突，人们（在德国）试图在方法上通过对《德国民法典》第439条第4款的**目的性限缩**（＝不去适用一条其前提已然出现

---

[13] 类似地，在远程销售中，经营者的价值和用益偿还请求权在行使消费者保护法上之撤销权的情形中进一步被排除了，其根据在于"远程销售指令"导言第14段和第6条（RL 97/7 EG）。参见 EuGH NJW 2009, 3015（Messner）——对此的批评参见 Hänchen, ZJS 2009, S. 726ff.（www.zjs-online.com）；BGH NJW 2011, 56（Wasserbett）。

第二部分　方法论

的规范）来解决，据此它并没有指涉《德国民法典》第346条第1款中的用益偿还。

然而（根据德国先前的、一开始也为德国联邦最高法院所援引的通说——直到制定法被修正[14]从而从方法上解决了这一问题为止），不仅制定法的词义，而且立法者的明确意思都与这一观点相对立。[15]据此很清楚的是，买方在（卖方）再次寄发（货物）时要偿还使用利益。这——依据当时德国立法者的观点——与"消费品购买指令"同样是相容的。欧洲法院的观点则有不同。

由此就产生了一个重大的、即便不能说是不典型的**解释结果间的冲突**，同时也产生了这样一个吸引人的问题：德国法院有权消除立法者（他恰恰想要、也必须对指令进行转化）的"错误"吗？还是说只有立法者自己才能这么做，因为毕竟要遵从"**权力分立原则**"，而指令现在还不是直接有效的法？人们将这种情形称为**对反于法律之司法裁判的禁止**，即（被禁止之）反于制定法的司法裁判。只有在极其例外的情形中，这种裁判才被认为是容许的（参见

---

[14]　在欧洲法院裁决之后，德国的立法者很快做出了回应：修订了《德国民法典》第474条第2款，更准确地说是引入了第1目。(BGBl 2008 I, 2399 v. 10. 12. 2008.)

[15]　请参考关于《德国民法典》第439条第4款的立法材料。(BT-Drs 14/6040, S. 232f.)

第206~207页）。

迄今为止，尽管欧洲法院本身曾多次强调，为了对国内条款作出符合欧盟法的解释，国内法院可以"在其管辖权的框架内"推展至可能的界限为止，但也没有再多说什么了。故而欧洲法院尊重（迄今为止）国内方法论的界限。[16]而按照清晰的主流观点，超越文义之**法官法的续造**的前提是制定法中出**现违反计划的漏洞**。德国联邦最高法院自己在向欧洲法院呈交的报告中明确说，忽略制定法是违宪的。因为依据《德国基本法》第20条第3款，司法要受到法和制定法的拘束。

但超越这一界限却也通过《转化法》部分地确定了，当立法者以"错误地"违反指令的方式来规划制定法时，合指令之法的续造具有一般性优先地位。[17]就此而言，解释与法的效力之间的差异就会被认为

---

[16] 唯一的"逃逸者"可能是欧洲法院于2005年11月22日作出的"**糖萝苣裁判**"，这一判决指出（第162页），国内法院有义务不去适用违反指令的国内法规定。具体而言它涉及小时工和老年人歧视。——基础性文献参见 Höpfner, Die systemkonforme Auslegung-Zur Auflösung einfachgesetzlicher, verfassungsrechtlicher und europarechtlicher Widersprüche im Recht, 2008.

[17] 例如参见 Roth, § 14 Die richtlinienkonforme Auslegung, in: Riesenhuber（Hrsg.）, Europäische Methodenlehre, 2. Aufl. 2010, insb. Rn. 48; Schulte-Nölke/Busch, in Heldrich u. a.（Hrsg.）, FS Canaris, 2007, Bd. II, S. 795ff., 813.

是不重要的了。[18]

那该怎么办呢？关键之处——就像经常所做的那样——在于，如果遵从传统的德国方法论，偿还的要求就必须要被驳回，* 因为制定法词义和立法者的意思都支持用益偿还。据此，消费者只能针对联邦共和国（它没有合乎秩序地对指令进行转化）提出**国家责任请求权**。运用尚处于发展中的欧洲方法论则会得出相反的结论。欧盟法的发展——尤其是合乎指令的法的续造——对于方法论带来的影响**尚未最终得到澄清**。即便在"奎勒裁决"中，欧洲法院也避免对此进行表态。此后，德国联邦最高法院有了一种无论如何（也）算是十分突然的想法，即国内法院有义务去进行**合乎指令的法的续造**（而不仅是解释），但它的论证却不那么令人信服：制定法具有违反计划的漏洞（2008 年 11 月 26 日判决第 21 段及以下）。但立法者已经以清晰可知的方式作出了决定，

---

[18] 反对指令的所谓适用优先性，而只支持解释优先性的观点早就可见于 Canaris, FS Bydlinski（2002）S. 47ff., 54, 66ff., 78ff., 96ff. 指令尚不构成"法律"，而只有被转化后（才能成为法律），这就是为什么它不处在国内法规范之上的"楼层"中，而位于"双层建筑中的另一部分"中的原因（第 53 页）。故而理所当然地要去寻求合指令的解释。但假如这并不可能，单单存在指令并不足以授权去进行反于法律的法的续造。

* 原文此处似乎表意有误。从前后文看，应该为"偿还的要求就必须得到支持"。——译者注

而这一观点也曾在诉讼过程中被德意志联邦共和国呈交于欧洲法院。但此后我们隐忍不言,而制定法很快就被修正了。现在,只有当不存在购买消费品的情形时,才需为使用决定付款(《德国民法典》第474条第1条第1款,第2条第1款)。

4. 大胆尝试是成功的一半!

人们可以将对方法论的质疑稍微扩大一些:伟大的法理论家凯尔森尤其尖锐地表明了这一点。

> "……从一种基于实在法的立场看,不存在任何标准,能帮助我们在有待适用之法的框架内存在的诸多可能性中选出一种优先于其他的可能性……迄今为止提出的一切解释方法总是只能导向一种可能的、而非唯一正确的结果。"(第349页以下)

在凯尔森那里我们几乎能看到一种方法论虚无主义,它否认预先存在任何——无论是否借助于制定法——具体的法律状况,也即是对

什么是合法的?(Quid iuris?)

这一问题的回答。无论如何,他否认对于所有

并非那么无足轻重的案件,即恰恰对于那些法学方法要在其中发挥作用的领域来说存在这种回答。制定法包含的多义性无法借助认知方法被化约为单义性。通过解释毋宁只能提炼出多种可能的意义。在恰当的选择之间进行决断是一种选择行为,它受控于解释者、而不再是立法者的意志。

他的分析(而不是他的建议)符合严格的科学理论的标准,在经过数十年的反抗之后,我们的方法论已接近于这种标准。[19] 人们乐意拥有清晰的、"真的"解决办法。法律人乐意作出客观的判断。但承认一切解释技艺都有其界限,属于方法坦诚性的问题。

例如,尼佩戴(Nipperdey)写道:

> "在穷尽一切解释手段后,在具体案件中仍可能存在对于立法者评价的疑问,这只能通过法官的创造性活动才能被消除。"(Allg. Teil I 1, S. 337)

而拉伦茨(Larenz)也对此表示赞同:

---

[19] 参见 Adomeit, Juristische Methodenlehre im Münchener Kommentar, in: Joost u. a. (Hrsg.), FS Säcker 2011.

> "在许多案件中法官都必须作出决断,科学方法本身并没法帮他得出任何确定的结论,而是存在某种'判断性裁量'的余地,在其中能起关键作用的只有他个人的价值感。"(Einl. S. 5)

有争议的问题大多时候恰恰只能以主观的方式去回答(参见第53~54页以下)。承认这一点很重要。在所有情形中都必须遵守方法的"游戏规则"。

当菲韦格(Viehweg)(《论题学与法学》,初版于1953年)说明了这一学说的历史根源时,它就变得可接受了。[20]据此,**论题学思维**在古代就已经有别于主流思想了。人们在此为其问题寻找一种观点(希腊语 topos = 地点),从中可以产生论据,或许也立马可以产生解决办法。论题学解决问题的风格是搜寻式的:它会"测试"这个或那个相关的观点,其中起决定性的是它的丰富性及结论的说服力——完全有别于体系思维,这种思维根据其理念进行单调乏味的推导,即便是为正义所反对也在所不惜。

"论题的"这一标识离法学方法非常近。恰恰那些伟大而历久弥新的裁判,与其说是基于逻辑和体系之上,不如说更多是基于原创("inventio")之上。

---

[20] 参见 Otto, Die historische Topik und ihre Rezeption durch Theodor Viehweg, 36. Dt. Rechtshistorikertag 2006, Akten S. 427.

当《帝国法院民事案例裁判集》第 106 号案例（第 272 页及以下）在关于部分罢工时工资是否照发的问题上摆脱了受领迟延和受领不可能间的教义学区别，并发现（创造）了作为决定性观点的领域时，就是如此。当《德国联邦最高法院民事案例裁判集》第 55 号案例（第 128 页及以下）在航空旅行案中通过恶意来平衡没有出现的（不当）得利（如《德国民法典》第 819 条废除了它）时，也是如此。"经营风险"、"（劳资）争议平等"、"充分因果关系"、"归责"，当然还有"合比例性"也是这类论题，

> 从它们中可以获得论据（a quibus argumenta promuntur）

它们无论如何无法通过体系被确定。

与此相反，体系思维的拥护者指出了**体系**的效能。但每个体系论者都容许这样两种途径：人们可以从某个概念性观念，如"侵害他人权益的不当得利"出发去解决具体案件；但人们也可以从具体案件出发去质疑并继续发展抽象概念"侵害他人权益的不当得利"，如果这一具体案件显得很特别的话［如青年公牛案（Jungbullenfall）[21]］。是从体系出

---

[21] BGHZ 55, 176.

发进行推论，还是先改善体系，接着再从改善后的体系出发进行"推论"，这是开放的。"**开放**"是论题学的一个基本概念。

因而拟定一种方法论几乎是没希望的。因为对于这个问题：

> 我如何发现正确的观点？

而言，除了

> 非常、非常地睿智！[22]

这一点外，几乎没啥可见的答案。

尽管如此，像凯尔森那样放弃去寻求有疑问之问题的解决办法，从而满足于加工提炼出制定法所包含的解释性选择，却是不对的。这种做法不能给任何人提供帮助，不能给想要知道自己应当身处何种法律处境中的公民提供帮助，也不能给想要知道他应当如何裁判的法官（如果他无法更好地知晓它的话）提供帮助。**法律人仍被认为，他对于制定法**

---

[22] 西塞罗（Cicero）早就得出了这一结论。他在《演说家》(De Oratore) 中 (II, 147) 说道：为了发现论据，有三件事是重要的，敏锐的知性、方法措施和勤奋——但我必须承认，天赋（ingenium）是最重要的。Hofmann, Einführung Rechts – und Staatsphilosophie, 4. Aufl. 2008, S. 28 援引德沃金（Dworkin）的观点谈及了"海格力斯法官的工作"。

第二部分 方法论

解释问题能给出一个回答。而诉讼条例强调区分正确的和不正确的制定法适用。

因而即便立法者不能要求科学理论上不可能之事,依然要做出**穷尽既有之可能性的努力**。在康德的思想中经常可以找到这样的想法:在理论知性中不存在的东西,却要作为实践理性之假设被遵守。

在《写给学生的法理论》这样一本书中,这一计划可以轻易得到满足。在闭卷考试和家庭作业中要解决的解释问题通常更加简单。我们很少期待(学生)能提出一种具有原创性的解决办法,更多是(希望他们能)**适应教义学的魔幻森林**。只有通过研讨课报告、自然也通过博士毕业论文,您才能踏入法学的创造性领域,这里期待并欢迎提出自己的范式、新的观点、关于法的续造的建议——但假如想要步入正途的话,此时就不能仅仅依靠自己,而要接受指导了。

因此,**写给法学学生的方法论**只限于下述四个步骤(用以替代萨维尼的解释准则):

(1)找到制定法!
(2)查阅制定法!
(3)阅读文献与司法判决!
(4)"自行决定!"

II. 写给法学学生的方法论[23]

1. 找到制定法！

您的法学任务将在于某个既定的事实，[24]它以一个问题（或多个问题）来结束。问题或者是具体的，或者需要进一步的确定，如：

法律状态如何？

真正的检验将从这一问题出发。但只有当事实得以形成后，才能进行接下去的活动：

a) **确认主体**：有多少人和哪些人参与了事实的发生？（也包括：人的联合体、机构、主管部门）弄错身份将使得法律作业无可救药地导向错误的轨道。

---

[23] 参见 Christensen/Pötters, Methodische Fehler in juristischen Prüfungen, JA 2010, S. 566ff.; Möllers, Juristische Arbeitstechnik und wissenschaftliches Arbeiten, 4. Aufl. 2008; Schimmel, Juristische Klausuren und Hausarbeiten richtig formulieren, 9. Aufl. 2011; Tettinger/Mann, Einführung in die juristische Arbeitstechnik. Klausuren, Haus-und Seminararbeiten, Dissertationen, 4. Aufl. 2009.

[24] 事实是预先确定的，这意味着与实务工作者（他只有通过阅读卷宗或审问才能形成他的事实）之任务的最大对立。但由于某种事实情形的相关性由法来决定，所以他必须要进行"目光的往返流盼"：Engisch, Logische Studien, 3. Aufl. 1963, S. 15.

具体的人要用大写字母来标识——如果没有先用它来标识事实的话。[25] 为了澄清其地位关系,您应当(无论如何当有两个以上的人时)勾勒出具有暂时(!)之法律特征的线条符号,例如:

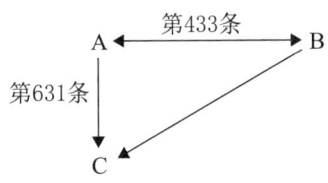

= A 与 B 之间有一份买卖合同,而与 C 之间有一份工作合同;B 向 C 提出付款请求。

菲利普·黑克(Philipp Heck, Schuldrecht S. IV)曾深入考虑勾勒法律线条符号的技艺。这种暂时的法律标识将随后被修正。

b) **确认事件经过**。尽管法学上的检验并非是以编年史的方式(历史的方式),而是以逻辑的方式展开的,但人们必须不断将事件的经过呈现在眼前。故而合乎目的的方式是建立一个清单,如

---

[25] 罗马法学家们早就这么做了。他们称原告为"Aulus Agerius",称被告为"Numerus Negidius",各自被缩写为 AA,NN。"Agerius"来自于"agere"=起诉,"Aulus"是一个典型的名字,但我们也可以将它的意义理解为"aulius"=王侯的(在"王国的"意义上);"Numerius"来自于"numerare"=付钱,而"Negidius"来自于"negare"=否认。

日　期	事　件
1月2日	卖出
2月1日	移交
3月1日	标的物灭失
9月15日	主张付款
……	

c) **案件问题的精确化**。被提出的任务当然可能是足够精确的："A应受刑罚吗？"——"B能够要求C支付10 000欧元吗？"——"D能成功地反对公安机关的决定吗？"——假如并非如此，就必须要提出具备这种精确化程度的一般性问题，它经常有必要被分割为多个问题。

在**民法**中必不可少的定位手段是

> 谁要向谁主张什么？

故而要检验可以提出哪些具体的请求权，而这可能有很多。在三个人A，B，C之间就可能已经存在6个请求权关系了：

A→B；A→C；B→A……

而如果它们各自又有两个请求权对象（交付、损害赔偿），那么就会有12个具体的请求权。

人们以这样的方式去发现这个"什么"，也即请求权可能的对象（das petitum）：埋头于利益状况，试图去想象事实经过的参与者会将他热切的目光投掷到哪里。为此，人们本就需要某些法律经验，或天生的争辩的想象力（厄里斯[Eris]是古希腊的不和女神）*。有意义之事和荒谬之事间的界限并不总是可以确定的。

在**刑法**中要针对每个人，主要是个人，析取出每个**可疑**的行为部分，如：

"由于以下行为，A可能要遭受刑罚：

- 砸开了花园的小门，
- 闯入花园，
- 喂警犬吃下士的宁胶囊，
- 打晕警卫等。"

公法涉及的是公民与国家机关之间的争议，它要进行具体的分类（进一步参见 G. Schwerdtfeger, Öffentliches Recht in der Fallbearbeitung, 13. Aufl. 2008）。

---

* 本句中"争辩的"一词用的是"eristisch"，其来自于古希腊不和女神的名字"Eris"。——译者注

d）假如存在多个案件问题，那么要**给它们排序**就是困难的。排序从哪里开始？在所提出之任务中给问题排序有时就是一种导向，当某个问题以"或者"（这样的表述）被列为第二序列时，这种导向就更强烈了。这种辅助通常来自于事实本身，因为例如只有当另一个请求权不存在时，一个请求权才可能存在。否则就不能不从事实上的主要问题、最大的争议点、最严厉的刑法构成要件（＝谋杀）出发。只有在法学检验结束时才会产生理想的顺序，故而这在闭卷考试中是极难做到的，在家庭作业中也一样。

e）对于每个具体的案件问题而言：**找出制定法规范**

＝该如何行动（quae sit actio）？

提出正确的问题就相当于去追问具体的**应然**（前文第 70 页以下），追问法律后果。只有根据某个规范（其抽象的法律后果与这种具体的法律后果相符）才能对此作出回答。损害赔偿请求权只能产生于某个将损害赔偿设定为义务的规范，返还请求权只能……，等等。这一规范就是**请求权基础**。如果找到了它，就要去检验，（具体的）事实是否与（抽象的）构成要件相匹配。在四分式的涵摄模式中：

规范：构成要件 → 法律后果（抽象的）
任务：事　　实 → 法律后果？（具体的）

在检验左侧的涵摄前，首先要来检验右侧的涵摄。

寻获请求权规范（在刑法中是刑法规范，在公法中或迟或早是授权规范）以对制定法**体系**的准确认识为前提。一条一条依次去通读《德国民法典》，从第1条直到第2385条（与此相反，《德国刑法典》中体系性关联较弱的分则显然更便利），以求得一个适当的请求权基础，这是耗费时间的。按照其理念，**《德国民法典》的体系论**，例如这样的模式：

第三编：物权法
　第一章：占有
　第三章：所有权
　　第一节：所有权的内容
　　第四节：由所有权产生的请求权

应当会以最快的方式导向关键点。

例：这是个物权法问题吗？那么请看第三编。其中是个所有权问题吗？那么请看第三章。涉及由所有权产生的请求权吗？那么请看第四节。具体而言：是一个返还请求权吗？那么请看第985条。找到了！

因此，您要更多地关注制定法的**内容目录**。我们的同代人经常认为，法律人要做的是记住（法律）条款，这自然是荒谬的。但在脑海中存住内容目录是十分有益的。至少您应当将《德国民法典》第1~3编和《德国刑法典》的体系用打字机抄写下来，并悬挂在写字台上方（千万别复印！）。

一些人更喜欢使用按字母表排列的**内容索引**。但只有当人们拥有制定法体系的基本观念时这才会有帮助，例如，在"贝克系列"［Beck-Text（dtv）］的小词索引中，"买卖合同"和"成立"都没有提供关于"买卖合同的成立"的内容。相反，如果人们知道《德国民法典》已将"法律行为-合同"项下的这些规则提出括号前*，就能迅速确定目标了（第145条及以下）。

f）给制定法规范排序。如果制定法的体系性分类无法产生任何（请求权）规范，那么案件问题就已然得到了回答：否定性的回答。如果产生了一个规范，那么对它进行检验就是接下去的任务。如果

---

* "提出括号前"（vor die Klammer ziehen）是20世纪中期德国民法学者古斯塔夫·博莫尔（Gustav Boehmer）首先提出来总结德国民法典体系方法的形象说法。从小括号到中括号，中括号再到大括号，把公因式不断往外提，以此进行民法典的体系化。——译者注

产生了多个规范,就再次出现了分类的问题:从哪里开始?

有很多对《德国民法典》的请求权基础进行排序的尝试。据其理念,必然有可能以这样的方式列出清单,即通过每一种具体的检验都必然能使一切事物处于理想的顺序之中。但这份清单可能会过长,几乎要将整部《德国民法典》重现一遍,它只会被弄得乱七八糟,对于某个更加新颖的案件问题(A能够对其叔叔之遗嘱的效力提出质疑?)而言只会增加负担。但毕竟作为**粗糙的**定位来说,以下两分法还是有用的:

请求权

合同的(也包括:无因管理)
1. 履 行
（如第433条第1、2款）
2. 损害赔偿
　a)不可能
　　（第280、283条）
　b)延迟
　　（第280条第2款、第286条）
　c)其他违反义务的情形
　　（第280条及以下）
3. 交 付（如第667条）
　归 还（如第546条第1款）

制定法的
1. 不作为
（如第1004条）
2. 损害赔偿
　a)无过错责任
　　（如《辐射防护与方法》第7条）
　b)过错责任
　　（第823条第1、2款）
3. 交 付
　a)物
　　（如第812条,第985条）
　b)收益
　　（如第816条第1款）

附有下述规则:

(1)履行请求权只能来自于合同。履行同样可以通过不作为来完成(竞业禁止)。

(2)损害赔偿请求权也总是首先要根据合同来检验。这可能会取代侵权法规则,就像免责协议的情形那样。

(3)交付请求权首先要依据第985条(也可能是第861条)来检验,继而根据合同,再接着根据第812条。[26]

此外并**不存在固定的规则**,许多规则属于按照个人口味来安排的问题,最终是个美学问题。在学者中甚至对此也有争议:(在有疑问时)是偏好于一下子将问题解决的规范,还是将它藏起来不告诉结论,对读者卖关子,为的是接下去以一首奔放的终曲来取悦于他[迪特里希森(Diederichsen)称之为"延滞原则"]。图霍夫斯基(Tucholsky)曾论及这样一位法学家,他在许多演讲中无论如何都不愿意谈正题

> "谁要是想成为一名帝国法院的法官,就要早早地自我训练!"

---

[26] 关于检验请求权之顺序的规则的一般叙述,参见 Brox, Allgemeiner Teil des BGB, 31. Auflage 2007, Rn. 839ff., Wörlen, Anleitung zur Lösung von Zivilrechtsfällen, 8. Auflage 2007, Rn. 50ff.

我总是建议以最简洁的方式获得解决办法，因为真正的执业律师或法官几乎没时间花费在**不可适用的段落上**。但请您去问问您的练习课导师！

2. 查阅制定法！

a）建议一：慢读！

一次穿越对角线的飞跃不会带来任何东西。人们需要高级簿记员的那种学究气，不能放过任何语词和标点符号。例如，漏读

"并非"

会导致与正确的结论相反。改变一个逗号会带来什么，从以下句子即可得知：

"勇敢的男人最后（,）想到（了）自己。"

b）建议二：注意构成要件和法律后果之间的停顿！

要精确地看到**构成要件与法律后果之间的停顿**，因为每次只能检验这些复杂构造体中的一个。多数时候，典型的"要是……就……"的结构很容易就被看清。在刑法中，在

"处……之刑罚。"

之前有停顿，在民法中，在

"有……的义务。"

之前有停顿。但也有令人困惑的重叠之处。在《德国民法典》第823条第1款中，

"已发生之损害的"

这一特征虽然被规定在法律后果中，但却属于构成要件特征，因为在法律后果中不能设立任何**新的**前提。《德国民法典》第823条第2款不同寻常地从规定法律后果**开始**。一些段落没有构成要件，而是区分了（不同）法律后果，如《德国民法典》第249条。

也存在这样一些段落（今天越来越多），它们既不规定法律后果，也不具有任何法律上的相关性。出于对自身勇气的恐惧，立法者安心地使用了它们。例如《德国民法典》新的第1353条第1款规定：

"婚姻旨在终身缔结。"

但它的世俗版本——

"直到死你们才能离婚！"

恰恰决不会被立法者认真对待，否则他就不会准许离婚了。在《德国民法典》第1371条第1款中，

"……财产增加额的均衡由此实现，即……"

这句话完全不起任何作用。被您用于闭卷考试和家庭作业的原则——

多余的东西就是错的！

不再为立法者所遵守，虽然恰恰是他必须遵守它，这就为我们的方法论增加了额外的、不必要的困难。同一个层面上还有纯粹语词的修正，其中"接受培训者"就是最糟糕的例子，但《德国民法典》第90a条（动物不是物）也不是什么好的例子。[27]

c) 建议三：找出逻辑结构！

要尊重构成要件的**逻辑结构**。规范N要以如下方式被结构化：

如果[a 和（b 或 c）和（如果d，那么

---

[27] 参见Adomeit, Gesetzesauslegung in Zeiten abnehmender Gesetzesqualität, 1998.

e)],那么……

这里看起来要做这样一个检验:"请求权可能来自于 N。为此必须首先存在 a。像当前的情形……就是如此。相反,有些人反对特征 b。但这无关紧要,因为显然存在着 c。只有当存在 d 时,特征 e 才会发挥作用。尽管有论据表明……但也有相反的论据……,而这些否定性的理由更占优势,因为……因而 N 的构成要件被满足,请求权存在。"

在这种图式化的检验中,您同时拥有了**鉴定模式**(*Gutachtenstil*)的模本,这种模式一个问题接一个问题地摸索直至得出结论[与法官的**判决模式**(*Urteilsstil*)相反,这种模式一开始就摆出其结论]。

逻辑结构的基础可以用"和/或"的区分来说明。人们可以类比于我们电子工程师所使用的"和"开关:

和"或"开关:

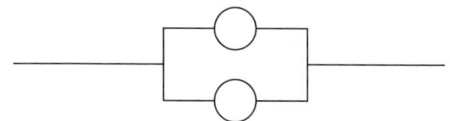

将通过"和"相联结的特征并行排列写下,而

将通过"或"相联结的特征上下排列写下,故而对于《德国民法典》第 823 条第 1 款来说就是:

$$
谁 \begin{pmatrix} 故意 \\ 过失 \end{pmatrix} \begin{pmatrix} 生命 \\ 身体 \\ 健康 \\ \cdots\cdots \\ 其他权利 \end{pmatrix} 等
$$

借此结构将变得更为清晰。

关于这个"或"还有个问题。当"身体……或健康"遭受侵害时,依照第二个括号,《德国民法典》第 823 条第 1 款就被满足了。故而只要这些法益中的一个被侵害就够了。如果身体**和**健康都被侵害(就像被刀刺伤就总是如此)又该如何呢?您会说,那就更是这样了,或无论如何也是这样。据此,"或"意味着"或/和"。

另一个例子:《德国刑法典》第 123 条规定的非法侵入罪(这里挤满了"或")导致了对于刑法而言很典型的法律后果——

"处一年以下有期徒刑或处罚金。"

法官能对扰乱者**既**处以罚金,又处以有期徒刑吗？您会说，通常情况下不是，并举出《德国刑法典》第41条作为论据。在那里我们获知，"或"要被理解为"有选择地"。

故而在（法律）德语中有两种不同的"或"，"或/和"以及"或/或（要么/要么）"（包容性的"或"与排他性的"或"），而它经常在同一段落（如同《德国刑法典》第123条那样）内在两种意义上被使用。这可能会让逻辑学家厌烦透顶。

构成要件内使用"如果……那么"的一个例子是《德国民法典》第831条。营业主可以据此来免除义务，即

"只要他……指挥（他人）实施工作"，

那么就可以证明他在指挥（他人）工作时已尽了在交易中必要的注意；只要他没有（指挥他人实施工作），那么就无法做出这种证明。（此外，这也说明工作辅助人与劳动法意义上的雇员并不等同！）

此外，在存在复杂构成要件（或法律后果）的场合，古老的体系学能帮助我们通过划分来获得概观。依据《集体合同法》第1条第1款，集体合同能带来什么？规范规定的是：

第二部分　方法论

第 1 条　集体合同的内容与形式

第 1 款　集体合同调整劳资双方的权利和义务，它所包含的法律规范可以规定劳动关系的内容、缔结和终止，以及经营和经营组织法问题。

从中可以提取出关于下列内容的命题：

I. 劳资双方的权利和义务[28]
II. 关于下列事项的法律规范
  1. 劳动关系，即
    a）其内容，
    b）其缔结，
    c）其终止。
  2. 经营问题。
  3. 经营组织法问题。

所有这些都直接来自于词义，只是附加上了某些思考。

冲冠一怒为"和"字：两德统一时，东德的房租要明显低于西方的水平。《租赁过渡法》容许将租金提高 15%，但

---

[28] 见债法部分！

"当住房不提供集中供暖和［！］浴室时",

应当将涨幅降低到 10%。房地产业总会建议其成员,凡是只缺乏这个**或**那个(条件)的情况下将租金提高 15%,只有当两者都缺失时才软弱地提高 10%。联邦住建部发言人大为光火地表示:这里的"和"就意味着"和/或",这是立法者的清晰［！］意思。——如果在公报中被公布的规范误识了语言逻辑的规则,而立宪者又草率地忽略了这一点,那么法理论就必须被完全放弃。

d) 建议四:确定最合乎实情的顺序!

找到构成要件特征之**最合乎实情的顺序**。可惜的是,在许多情形中,将制定法的语序作为标准是不合目的、甚至经常是不可能的,因为它更多受制于文体风格。每个人都很清楚,对《德国民法典》第 823 条第 1 款的检验不能从如下问题**开始**:

故意还是过失?

因为知晓且想要做他所做之事的人才是出于故意做某事的。故而只有在人们知晓他是否做了某事以及他做了什么事之后,这个特征才能被确定。同样,过失——违背了交易中必要的注意义务(《德国民法典》第276条第2款)——只有在客观构成要件被满足后才可来检验。

一般可以说:

> 将主观要素放在最后!

而"构成要件符合性/违法性/有责性"这种犯罪或不法的新三阶层学说事实上受到**事实逻辑**[威尔策尔(Welzel)][29]的限制。如果深入细节,那么人们就会为《德国民法典》第823条第1款找到一种检验特征的顺序,它几乎将词义给颠倒了过来。

《德国民法典》第823条第1款的检验图式:

(1)某个所谓的或被认可的法益**被侵害**了吗?(备忘条目:"其他权利"只包括绝对的权利,但也包括人格权与经营权。)

(2)它是被被告(请求权相对人)所侵害的吗?为此必须是这个"谁"所作的行为(作为或不作为),而在其行为与侵害之间必须存在

---

[29] Welzel, Strafrecht, Der Aufbau des Verbrechens und das Wesen des Täters, 3. Aufl. 1954, S. 28ff.;今日可参见 Naucke, Strafrecht – Eine Einführung, § 7 = Das Strafsystem(刑罚体系)。

因果关系。人们借助必要条件公式 [(Conditio-sine-qua-non-Formel) = "没有它就不会发生"条件；这指的是：没有它侵害就不会发生]。

（3）侵害后果与行为**相当**吗？这是个从语词中无法提取出的审查阶段。它迫使我们去查看可靠性。

（4）行为是**违法的**吗？在不作为的场合必须要存在担保义务。在侵害人格权与经营权的场合要从正面确认违法。否则就只能从反面来检验，是否不存在任何抗辩理由。

（5）是否存在**侵权行为能力**？要一并考虑《德国民法典》第 827、828 条。

（6）故意还是过失？（=过错）

（7）是否出现**损害**？（来自于可能之法律后果的构成要件特征。）

（8）损害是否是通过对法益的侵害形成的，以及是否足以建立起两者的联系？

（责任范围的**因果关系**问题）

很多时候必须要偏离上述图式。如果致损人是个六岁的孩子，我们自然立马就会认为他无侵权行为能力（可能涉及《德国民法典》第 829 条）。相反，如果它清晰地出现，我们就不应当或应当极其迅速地去检验侵权行为能力。

如果某个构成要件特征无法得到肯认,那么检验就到此为止了。必须当**所有前提**都出现时才会发生**法律后果**。

规范目的的思想没有被纳入以上图式。从**铁道口看守员案**(*Fall des Schrankenwärters*, JZ 1969, 702)之后,人们就在《德国民法典》第 823 条第 1 款的框架内谈论规范目的(此前只在第 2 款框架内谈论)。铁道口看守员在从工作返家的路上被撞翻。在检查所发生的损害时用 X 射线检查了他的脑袋,并确认存在高度的硬化,但迄今为止没有给他造成不幸的后果,这看起来就是个奇迹。他被提前付给养老金并退休了。他向致损者主张支付工资和养老金之间的差额。——在此,是否应支持这一请求权令人踌躇。从公众的观点来看,致损者基本上(为提前退休)做出了贡献。但在与铁道口看守员的内部关系上,他必须对所有由侵害造成的"损害"都予以赔偿。这种导致责任成立的因果关系不需要再用过错来把握。

相反仍有必要考虑的是充分因果关系,而这里不正是出现了一种典型的不可信的事件吗?

对于在去往机场路上发生的交通事故——它导致最近的一架飞机被撞，而这架飞机已在飞行训练中坠毁——人们也会说，这一事件的可信性不会因为被侵害而增加：每架飞机都同样经常会坠毁。故而进行 X 射线检查可以出于很多的动机，也有职业责任进行常规检查。但德国联邦最高法院的法官认为，这并没有完全说出案件的特殊性：并不是因为侵害结果的不可信与（铁道口看守员的）请求权发生了对立，而是这种后果根本不被社会所期望。故而论题学（在这里要发挥作用了）：要创造出一个新的观点！但被找到的东西，即规范目的，过于宽泛。"目的"是一般性的方法论检验阶段（参见前文第 137 页），在每一个制定法条款中都可以被讨论。只是：当一个段落上集结了如此多的教义学（就像《德国民法典》第 823 条第 1 款那样）时，人们怎样去重构原初状态的目的呢？与此不同，有些人称之为"违法性关联"，而这一冗长的用语想要说明的恰恰是，违法性不仅必须延及侵害行为，也必须有所延及损害。但根据这种建构，这是不可能的，而人们也不应当因为案件的独特性就去锯毁不法阶层学说最后的支柱。或许这么说就够了：一种在侵害发生前就已被法律所**要求**的侵害后果（脑硬化的铁道口看守员被付给退休金退休）不构成法律意义上的任何损害。因为我们的损害概念是一种"规范性的"概念。触手可及的问题是，一个例如因为不成功的消毒而致损的孩子，从必要的医疗费用的角度能否被视为"损害"［严格反对这一点的观点参见 OLG Bamberg NJW 1978, 1685；对此参见 BGH NJW 1980, 1450；对德国联邦最高法院判决的批评意见参见 Adomeit, Jura 1981, 1961；s. Picker, Schadenersatz für das unerwünschte eigene Leben（"wrongful life"），1995］。

e）建议五：注意语境！

像塞尔苏斯那样（前文第 134 页）**注意语境**。通过一个法条就找出某个案件最终的解决办法，这是件稀罕事。人们必须注意前面和后面的（"接下去的"）条款。也就是说，每个段落很少是自主和独立于其他段落来调整独有的事实的。尽管在《德国刑法典》分则（"数行为触犯数罪名"）中，投毒和盗窃极少有什么相关之处，但在《德国民法典》中很典型的情况是相邻的段落之间彼此依赖，多数情况是在**规则－例外关系**的意义上产生这种依赖。《德国民法典》第 812 条赋予（当事人）不当得利返还请求权，但如果出现《德国民法典》第 814 条的情形则否。《德国民法典》第985条赋予（当事人）返还请求权，但如果出现《德国民法典》第986条的情况则否。这类关系也可以是**多层级的**。

> 规则——《德国民法典》第929条：转让所有权需要拥有所有权！
>
> 例外——《德国民法典》第932条第1款第1项：如果取得人是善意的，则不需要拥有所有权！
>
> 例外的例外——《德国民法典》第935条第1款：如果物是被遗失的，则善意不起作用！
>
> 例外的例外的例外——《德国民法典》第935条第2款：遗失不影响金钱（的善意取得）！

故而如果某人用偷来的钱向善意的债权人付款，那么后者就将成为钞票的所有人。《德国民法典》第932条第1款的补充式表述：

> "除非他……并非出于善意。"

是一个**证明负担**规则，它意味着制定法以善意（可反驳的）的方式推定了善意。

第二部分　方法论

与规则/例外关系相对的是**规则/例证关系**，它通常通过"尤其是"这一用语来标识。读一读《德国民法典》第138条第1款和第2款：第1款是违反善良风俗的一般构成要件，第2款是特殊的"暴利"构成要件。如此，在方法论上就要首先去检验第2款，只有在得出否定性的结论时才会去检验第1款。特殊的例证优先，因为这样**更加**能来把握一般规则。

麻烦的是会变成**段落链条**的参照性条款。如根据《德国民法典》第819条第1款，恶意的不当得利债务人

"如同……请求权已经发生诉讼系属（即被起诉）一样"

负有责任。继而，在《德国民法典》第818条第4款和第292条之外，人们最终找到了《德国民法典》第989条，据此债务人对其过错应负损害赔偿责任，否则此时也许可依据《德国民法典》第993条不负责任。立法者原本可以更直接地告知我们这一简单的法律后果。人们必须简单学习这类段落链条，或在制定法文本的边缘处写下它们（另一个问题在于，这样一个经过补充的制定法文本能否在闭

f) 建议六（最后的建议）：大量频繁地阅读制定法！

这仍旧是通往法律信息的最直接的通道。请您想一想，通常情况下所有出售的书籍和讲稿都是对制定法文本的领会。有些人对经过辛苦改述的制定法段落有着认识体会。不需要改述就可以肯定，意义并不是分散的。在闭卷考试的紧急情况中，如果您所处理的是比较熟悉的语句就会好些。

遗憾的是，在《德国民法典》中，最初制定的段落简洁明快，而一些饶舌的新规定［它们经常占据一页文本（如《德国民法典》第308、675y条）］与其说促进、还不如说是阻碍了法律思考。[30]

3. 阅读文献与司法判决！

在理解了事实并用制定法来加以校正之后，人们必须要进行更深入的参与。为此，在某个主题上使用一本流行的教科书还是不够的。这只构成了第一步，（它本身）无法产生科学知识。同样，评注书和手册尽管有其意义，但最好还是直击来源，也就

---

[30] 参见 Adomeit, Das BGB-eine Orientierungshilfe für Neugierige, Erstaunte, Verzweifelte und Frustrierte, 2005, mit der Einführung über "das Alt-BGB und das BGB neu".

是去阅读和利用裁判书原文或者原汁原味的思想。

搜索可以通过多种途径来进行。除了所谓的二手文献外,一般而言资料库以及网络也会很有帮助。但您要谨防仅仅去复制(文献的)片段、进行简单的编辑加工(在今天,很多博士论文恰恰都是这么干的!)。

当一个与任务相匹配的制定法条款被找到后,在民法领域例如去看看"帕兰特"(Palandt)这本实时更新和流传最广的"简短"评注书就会很有用。在那里,我们可以找到对解释这一条款有价值的提示,以及进一步的文献与司法裁判。但我们决不能被传染上它的语言风格——它使用大量的缩略语只是为了节省空间。随着时间的推移,您就不再会觉得它是那么"西班牙式的"。在"帕兰特"中,我们可以轻易了解"通说"[herrschende Meinung,简写为"hM"也即主流但有争议的观点——否则就要被称为普遍观点(allgemeine Ansicht)了]。在"aA"之下我们可以找到"不同观点",就此就已出现了观点争议。在理想情况下,我们在阅读这些文献之前就有了这样的观念,即对于这个问题可能存在不同的解决办法。

接下去有三种可能的做法。我们可以心满意足地信服于"帕兰特"这本读物。我们可以(也应当)

去探究进一步的提示（如果它显得很合适的话），去寻找新的观点。或者我们可以一头扑到其他文献、其他评注书和教科书上去，而只是在此之后才去深入细节。必要的细致缜密性是相对于提出的任务而言的。在学习之初，我们终归应当先学会与文献和司法裁判打交道。对于毕业作品（更别提博士论文了）来说，则明显需要投入更多的精力。一开始，自己去阅读和理解判决书和论文或许会比较困难。这种起步阶段存在的困难以及对它的自行克服，属于重要的训练阶段。法学学习（不仅）要自我灌输知识并迅速达成目标。阅读不仅是为了解决特定问题，也是为了更好地了解法学的风格。随着时间的推移，您也会具备法律文本技能的嗅觉——但（可惜的是）我们只能通过实践来获得。

布置任务者经常指示我们去看经典案例，也即是典型的教科书案例或具体的判决。在我们发现了"原始材料"后，（所要求的）技能就在于发现内在的偏差并提出合适的解决办法。

4. "自行决定！"

a) 自由决定的方法

在您已正确地查清了"争议状况"后，就要承担自行决定的要求。

"A，B和C主张解决办法1，R和S主张解决办法2。"

这种确认尽管已是一个结论，但只是一个暂时的结论。对法律问题作出二选一式的决定在法学中是不容许的（如"如果按照解决办法1，X就有请求权，否则就要驳回起诉"）。出具鉴定意见的人必须对每个争议问题（结论依赖于这一问题）**都作出决定**。这一期待既有其解放性的一面，也有其令人不快的一面。

解放性的一面是，您不需要受到权威的拘束——无论是教授们的观念，还是某个法院的观点，即便是最高法院（在《德国基本法》的框架内）也一样。不存在什么不能——在出具理由后——偏离的权威，在一个容许进行法的续造的时代，从理论上讲也没什么不能偏离的制定法（刑法领域除外！）。

偏离制定法当然不那么现实。但对于您（例如作为一份家庭作业的作者）来说所有的法学家都是平等的，您也可以说明这一点（"拉伦茨忽视了……"）。

令人不快的一面是："我怎样才能偏巧知道什么是合法的呢？"

我们如何终结这一问题？让我们尝试去区分**半开放的**决定与**自由的**决定。

最开始进行法律技能的训练时，每件可以依赖的事情都是受欢迎的。通常这类事情从提出的任务中就可获得。在有疑问时，要优先考虑借此可以对事实穷尽法律上之可能的解决办法。一种只能提供占半页纸之材料的"合理"观点很难获得赞同。接下去提出的问题"假如……案件要如何来判断"会引出另一种解决办法。

缺乏这类线索时，就不可避免要考虑"通说"。有时很难确定（案件是否）相同。尽管如此，假如德国联邦最高法院追随了流行的教科书**以及**伟大的评注书（的观点），这种做法就不可能是错的。恰恰在这类案件中知晓"不同观点"并在论证上予以认真对待的人要去搜集各种论点。在有疑问时总是追随持中的观点，所冒的风险就会比较小。

很多时候，训练导师的个人观点（他会在文献或课堂上表明其观点）会被高估。他遇到纯粹复制其自身观点的人时不会感到那么高兴！有些学生通过坚定地攻击现有的权威而开始其职业生涯。但这无疑是对的：没人会认为自己的观点是不合理的！每位教授都被科学精神驱使去做出这种心理学上棘手的成就，即充满激情地为自己提出的观点进行辩护，并从论证上消灭一切对手，但同时公正地接受相对立的观点并对它（如果是一位学生提出的话）进行公允的评价。

但半开放的决定并不是法学训练想要给您带来的东西。其目标毋宁在于**自由的**（=独立的）决定，借此表达出某种对法的内容共负其责的意思。这种个别主义的要素对于法秩序而言是根本性的。如果关键只是**作出决定**，那么整个复杂又奢侈的司法系统就都是多余的，行政机关会相当乐意且轻易就可以终结任务了。寻求法律帮助者有权请求其法定（即依照偶然标准被选出的）法官，作为主体来对他进行听审并从中找出决定，并无需对任何上级负责。这里**受青睐**的是每个个体自身的主观性，我们谈及过它（前文第54页）。故而法学上每场严肃的观念争议都涉及主观性的前沿阵地——因为没有任何参与者会受法学难语症的困扰。在双方阵线间撕开的裂缝只能通过决定者的人格来弥合。

当我们的法律体系经常出于有争议的意图被称为"市民的"（法律体系）时，就此而言这是真实的：它的重心被置于个人之上，个人（主体；非整齐划一者；逃避命令者）构成了其自身的功能条件。这适用于想要"为权利而斗争"（冯·耶林语）的公民；这适用于接受委托的律师；这适用于人们期待其作出裁判的法官。而人们期待——无论是在支付了诉讼费用之后，还是获得了诉讼费用救助，抑或是作为受迟延缴费威胁的被告人——的是一种自由的、而非半开放的决定。其中，客观存在物（制定法、教义学、判例）和主观正义立场组成了一种独特的混合物。[31]过去和现在的极权体制间的相同点，在于如此多不受审查的主观性（这是它们不能拥有的）：领导意志、党派（"社会主义的"）合法性发挥着重要作用。

相反，我们要保障法官的独立性，丧失决定自由的任何嫌疑都可为此进行辩护，即因为他拥有偏见所以反对他。方法论必须要尊重这种自由的要素。它不能提供它偶尔承诺提供的东西：从自由的决定出发做出一个有拘束力的决定。

故而，对自身决定的期待追求作出自由决定的能力。一开始，某人会对法秩序的内容多少持有无所谓的态度，依赖（他人观点）的需求会被打断。每个学生，如果在做第一份家庭作业时必须在例如拉伦茨和菲肯切尔（Fikenscher）之间"作出决定"，都不会对自己这种裁判官的角色感到高兴，而会对

---

〔31〕 Hofmann, Einführung Rechts-und Staatsphilosophie, 4. Aufl. 2008, S. 123："个体的自我反思。"

是站在拉伦茨这边还是菲肯切尔那边感觉都很糟糕。这些人都无法单独解决他们的问题，而显然也需要学生的帮助。这种预先去完成法官之任务的第一次体验当然是很难受的，但它是一个必经的过渡性阶段。因为这种感觉会越来越强烈：

> 你的事情被协商好了！（tue res agitur!）

并会有相应的参与感。要训练的是后来人们称之为法官判断力的能力。

基本上在追问自身之决定之后，人们就会走向**自我认知**之途。费力——通过辛勤和痛苦——获得自身决定的人，会更好地认识自己。

> "认识你自己！"

并不是自我旅程之法律形式的糟糕标语。此外，下一个决定会变得更容易！

b）*证立*

作出的决定要被证立。虽然

> "相比于F，L更令我信服！"

听上去很真诚，但（虽然决定是主观的）对它的证立必须是客观的，也即是符合实情和可证明的。这要求对自我认识进行精确化处理：在清楚了我们想要**如何**决定之后，也应当清楚**为什么**要如此决定（在准备阶段这会对有待作出的决定发挥影响）。

对主观存在物进行这种被迫的客观化是困难的，但应当尽可能真诚。（参见在法官中流传的犬儒主义：有三类判决的理由，即口头的、书面的和真实的。）同样，论证[32]不能位于情感的层面。

接下去可以说：萨维尼的四分法（前文第137页）也适用于论证。制定法词义、语境、发生史和目的这些论据是被允许的，并且最好以这种顺序被提出。此外，对新论点的"论题学式的"创造也是被允许的，并不受任何规则的拘束。[33]

c) 例证："谋杀家庭暴君"案

案件在（极端的）环境中上演。[34]妻子F于2001年9月21日临近中午时分用丈夫的左轮手枪射杀了正在熟睡中的丈夫M，因为她看不到

---

[32] 参见 Alexy, Theorie der Argumentation, 1978.

[33] 关于"法律科学之修辞学论证模式"，参见 Schlieffen, JZ 2011, S. 109ff.

[34] 事实参见 BGH NJW 2003, 2464 = BGHSt 48, 255. 那里还披露了真实的糟糕的细节，即 M 是如何长年虐待 F 的，至少有一次差点杀了她。出于对 M 的恐惧，F 的父母没有一次愿意将她接回家。为此也可参见对此案的评论：Adomeit/Beckmper, JA 2005, S. 35ff.

别的出路，来保护自己和他们的两个女儿免受进一步的严重伤害和屈辱。

地方法院以阴险谋杀的罪名（《德国刑法典》第211条）判处F九年监禁。德国联邦最高法院撤销了这一判决，因为它认为初审法院必须要审查是否存在一种可以去罪化的紧急避险（《德国刑法典》第35条）。但德国联邦最高法院认为谋杀罪的特征"阴险的"是存在的。在解决案件（"请您检验F的可罚性"）时必须这样来操作：在（找到）相应的大前提且对基本构成要件（故意杀人）分析之后会遇到特殊的谋杀罪特征——"阴险的"。然而这一概念是有争议的。

根据通常的司法判决，谁要是有意利用了受害者的无辜和没有戒备去杀死他，并以敌对的意志倾向去针对受害者，谁就实施了阴险的行为。那些在犯罪行为发生时没有攻击意识的人就是无辜的。没有戒备是无辜的结果，因为一个无辜受害者的防卫准备和防卫的可能性是有限的。然而，这是个随着时间的流逝而被剥离出来的定义。事实上，我们必须要在第二层级的解释中去追问，这种停滞了的制定法解释，也即对谋杀罪的特征"阴险的"的解释，事实上是否合宪。一般而言，刑法中的合宪性解释要采取**限制**解释的立场，也即是保守的解释立场。因此也有一种相应的文献观点认为，在具体案件中杀人"只能"得出可罚的结论。

我们应当在事实上去追问这一谋杀罪的特征的意义与目的。合乎《德国刑法典》第211条的判断原则上要以相比于纯粹杀人罪更高的可谴责性为前提。如果F——在射杀前——与M打了招呼，或迅速唤醒他，这一谋杀罪的特征就不会得到肯认。如果她等到他下一次揍她并（就像经常做的那样）用靴子踩她，然后再取出武器射杀——甚至她会因为正当防卫（《德国刑法典》第32条）而不受刑事处罚。依照通说，对于M来说无痛苦的死亡会导致F具备更高的可罚性。从犯罪嫌疑人F的角度来说，杀死熟睡中的M对她来说是摆脱她那可怕境遇的唯一可能。M也曾多次威胁她，如果她试图离开他，他会将她找出来（并对她还有女儿们施虐）。然而，按照德国联邦最高法院审判委员会的观点（它显然没有过多为长年被虐待的人着想），她应当采取别的行为。

对杀人行为本当予以谴责，但本案中的行为却不具有特别的可谴责性。因此，我们在这里应当进行合乎实情的评价，而不去考虑特别的谴责（"谋杀者"），来纠正德国联邦最高法院那不加批判的解释。

第三部分　法政治学

I. 原　理

1. 法政策科学

如果说完善制定法是法律**科学**的分内之责（故而也是一项科学任务）的话，那么没有人会否认，制定法形成于**无法**从科学上加以确定的政治过程。现行法（de lege lata＝当下制定的法）与未来法（de lege ferenda＝有待制定的法）之间的区分是常见的，从普遍的观点来看后者属于**法政策**问题。在党派组织、议会、媒体、酒馆茶楼、妇女团体中，在《法政策学杂志》的作者之间经常会讨论这样一些问题：我们需要一部新的制定法吗？还是要修改制定法？（修改）什么内容？在多大范围内（修改）？以多快的速度（来修改）？

与适用领域的一个显而易见的区别在于,尽管在实质上很相似,但我们从没有听说过法政策领域有什么法学方法。法政策学——如同一般意义上的政策学——似乎没有(不必有?)任何方法,它的语言游戏是无规则的,更别提论题式的规则了,它更多是情感式的而不是理性的。甚至公开的矛盾在这里也被允许,逻辑不起任何作用。它涉及"权力意志",而非认知。

观点的影响能够影响法,这从相互作用模式(前文第52~54页)可轻易看出。不可否认有纯粹权力技术参与其中,借此能迫使他人服从,能抚慰对手,赢得选举战等。例如,侮辱性表述[1]就不被认为是一种科学的手段,而是一种政治的手段。

尽管如此,法理论不能忽略制定法的形成过程,并对政治实践以及**政治学**同道完全置之不理。相反,不可思议的是,后一门学科极少涉及法政策学——唯一相关的专业杂志是《新法学周刊》的副刊(!),而许多著名的政治学家则对它闻所未闻——尽管一般政策学的这一连接符部分几乎已完全澄清它。*

---

[1] 侮辱的例子可见 R. M. 基索沃(R. M. Kiesow)在《传奇》(*Mythos*, 2008, 52)杂志上对于阿多迈特的抨击。

* 作者在这里的意思应该是,"Recht-politik"(法政策学)这个词由两部分构成,连接符前面的部分"Recht"(法)说明了它的研究对象。这是个偏正结构的词,表明了一般政策学在特定的领域即法领域的适用。——译者注

（离开制定法的创设，会有何种政策学呢？甚至连外交政策也不可能出台，因为它需要有批准法的肯认。）或许，为了能谈论未来法，我们必须透彻理解现行法。

如果法政策学家们总体上对于他们的作品*感到满意，就几乎没什么动机去逾越（制定法的）界限。但我们经常看到相反的事情。债法改革者们恰恰会去思考债法的现状。在高校改革之后，又有哪位高校改革者感到满意了呢？法学家们经常抱怨要在教义学上花大力气去修正原本在立法程序中可轻易废止的调整错误。

此外，尽管存在着很多区分开来的尝试，但法政策学的触角还是广泛地伸入了制定法解释、适用，尤其是制定法的续造之中。对颁布某部未来的制定法持有肯定（例如自由的）观点的人，在解释已被颁布之制定法时就绝对不会去压制这种态度。尽管如此，

"制定法解释是对法政策的另一种方式的赓续！"

可能是个过头了的命题。我们不能将方法论缺

---

* 即制定法。——译者注

乏确定的推导性都算在法政策学的头上，尽管这肯定是很重要的原因。给出制定法/解释制定法是两个同一类型的任务，因为它们在功能上可以互换。立法者可以试图深入规定每一个细节，从而使得任何教义学都变得多余——他至少可以将细节委托给"学术和司法"去完善——他也可以十分节制，就像德国劳动法关于工人罢工的部分所做的那样。

如果制定法适用与立法在某种意义上是一样的，那么它、也包括与它相关的法学方法论最终也（部分地）属于政策学。一部制定法被它的给予者"通过"（verabschieden）*，这在语言上是很精确的：它找到了一位新的主人。法院有时在玩政治，这一指责——不然，尤其是德国联邦宪法法院该怎么履行其职责呢？——已经崩塌了。[2]一开始只给予这家法院**的**投反对票**（dissenting vote）的授权已经从制度上澄清发生了什么。这就是对不存在一种决定性的法学方法的公开承认。

---

* "verabschieden"在德语里有"告别"的意思。——译者注

[2] 关于法官法之界限的讨论：Rüthers, JZ 2007, 365 u. 2006, 53; Hirsch, JZ 2007, 863 u. 2008, 188; Hassemer, ZRP 2007, 213; Adomeit, JZ 2008, 299.

** "这家法院"指的是德国联邦宪法法院。——译者注

第三部分　法政治学

2. 政治立场

法政治学的任务在于归纳提炼出立法和教义学革新的主导性理念。它们在传统方法论中被称为"目的"或"意思"。对立法者之动机的研究得到认可，**只要**它们可以在官方记录中被找到，或者为某个专门的法律委员会所颁布和出版。进一步去追问党派斗争和议会党团斗争背后的利益（追问超越"动机"的动机）则会被默认为是不合适的。

> "谁要是去揭开面纱且不闭上眼睛，就会发现他正在与权利这只蛇发女怪相凝视。"

假如凯尔森是个谦虚而执着的追问者，他就会知道，在他那"纯粹"法的背后究竟是什么。通常就是关于权力和影响的自私争执、可疑的政治活动（"政治交易"）、粉饰行为或不牢靠的选举承诺。

关于这种权力——它如何被获得、保持和行使——很难说些什么。但总是可以观察到典型的、一再反复发生的立场，它们与典型的、在法教义学中相对立的（被小心谨慎地表达出的）立场很接近。故而存在容许进行科学加工的不变的现象（参见"导论"部分，第37页及以下）。

因为涉及**相对立**的立场，所以需要去搜集、整理并用清单列明**可选项**。政治的（也包括法政策的）场合充满冲突，充满不同意志倾向之间的对立（敌对），由此每个跨入这一权力场的人都会依据朋友/敌人的模式被分类［不幸的卡尔·施密特（Carl Schmitt）如此正确地认为］。只存在一种意志的地方，就不再有政治了。

我们可以提出如下这些最重要的可选项：

（1）可选项：究竟是否应该存在一种国家和法的秩序？

否！——**无政府主义**者。

是！——所有其他人。

（2）可选项：如果已存在国家和法，那么究竟是少些好还是多些好？

少些好！——**自由主义者**。

多些好！——**国家主义者**。

（3）可选项：国家更多应该自下而上来确定还是自上而下来确定？

自下而上！——**民主**！

自上而下！——**权威**！

（4）可选项：应当促进还是限制民主国家所固有的平等倾向？

促进！——**平等主义**！

限制！——**差别主义！精英主义**！

（5）可选项：国家对于它的敌人应当像鹰派还是鸽派那样行为？

II. 可选项

1. 无政府主义者及其敌人：国家

a）无政府主义者的目标

无政府主义（这是个希腊语，字面含义为"无支配性"）对于法和国家持有极端且消极的态度。它无论如何难以被作为连贯的政治主张。经常被援引的19世纪俄罗斯无政府主义者，如巴枯宁（Bakunin），的确反对沙皇国家，但他们这么做并不是为了以无政府来取而代之。21世纪脱胎于伊斯兰激进主义的恐怖统治（以及作为标志性事件的2001年9月11日的恐怖袭击）是早已被预言过的"文明冲突"［亨廷顿（Huntington），1969年］的极端显现形式。在挪威，2011年7月11日，一位狂热的伊斯兰异议者通过恐怖行为夺走了77位受害者的生命。

马克思（Marx）和恩格斯（Engels）曾根据对

"国家消亡"的想象将无政府主义的愿景列入他们的学说计划，但他们的思想同时也与

"专政！"（这里指的是"无产阶级专政"）

即与这一观念的对立物很接近。无政府主义者从个人和计划的角度来看与集权国家具有亲缘性，他们在用反对国家的权力征服国家后，会进一步用获得的手段威胁去运用这种权力，这种情况并不罕见。1968年代的青年导师R. 杜奇克（R. Dutschke）被哈贝马斯批评为"左翼法西斯分子"，因为他鼓吹运用暴力，随即这在"红军派"（Rote Armee Fraktion）*的犯罪行为中得到了体现。[3]

对于法政策学而言，无政府主义者可以想到这种整体上的解决办法：

取消一切法律！（=la fantaisie au pouvoir!）

---

* "红军派"是德国的一支左翼极端组织，主要由安德列亚斯·巴德、古德伦·安司林、霍尔斯特·马勒、乌尔丽克·梅茵霍芙等人创建。他们认为自己为一群极端的并且以南美洲的反帝国主义游击队（如乌拉圭的国家解放运动组织）为榜样。他们犯下34次谋杀案，许多银行抢盗案与爆炸攻击，主要活动时期自1970年至1998年。在其近30年的活动过程中，造成了34人死亡和无数人受伤。1977年，由于其猖獗的活动，导致了联邦德国发生了大规模的社会危机，史称"德意志之秋"。1998年4月22日，该组织宣布解散。——译者注

[3] 参见Krauschaar, Die RAF und er linke Terrorismus, 2006; Weißer, Der "Kampf gegen den Terrorismus"-Prävention durch Strafrecht? JZ 2008, 388.

部分而言，他可能会期望人们认可法外空间，如"被解放的"青少年活动中心，被保留的家庭，有时也包括全部大学。

此外，数百年来，硬是会一再悲剧式地一点点出现这样的无政府主义式的问题：不管在哪里，人们是否有义务去服从一部具体但成问题的制定法，如可怜的安提戈涅（抵抗权的问题！）。经常也会出现一些不那么具有悲剧色彩的事情：站在人行道一端，面前的交通信号灯已变红，但此时没有任何车辆经过。

b）逃亡

西方法哲学、也即一切法哲学的开端是**苏格拉底的审判**（在公元前 400 年，当时苏格拉底已经 70 岁了），他基于私人的控诉被指控犯有不敬神和腐蚀年轻人的罪名。他提出的激进的问题使得许多雅典人心烦气躁。他自认为是谦虚的辩护（申辩）反而加大了法官们的恼怒，导致多数人判处他死刑。当苏格拉底在监狱中等待（通过喝下毒酒）被执行死刑时，他的学生克力同前来告知了他这些消息：狱卒已被买通；已经备好了一笔钱；在色萨利（Thessalien）已有朋友在等他，逃亡必须要在第二晚实施。苏格拉底让明显很焦急的克力同卷入了一场冗长的对话，即人们（他苏格拉底）是否应当遵守雅典的法律。他的结论是：**是的**。在关键的思路中，他让法律像人一样开口说话，并论证如下：

> "我们尽我们所能地去对你和每个公民好，我们让每个雅典人在每刻都享有——在他熟悉了城邦的状况和我们，也就是法律之后——带着自己的财物去往他想要去的地方的自由。我们法律并不禁止他这么做。但如果你们中有谁在亲眼看到这里如何进行诉讼和管理城邦之后还是留了下来，那么我们就想向他主张，他通过其行为向我们保证了要服从我们的命令。"（51d）

此外还说道：雅典的法律还不是以独裁的方式来规定的，而总是存在公开讨论的可能。每个人都有机会去说服立法者……"或者去遵守它"！(51e)

如果说苏格拉底抵挡住了无政府主义的蛊惑，那么这并不是无条件的。他对法律提出了质的要求。什么要求？请您自己从上述引文中弄清楚（更详细的阐述参见第248~255页）。

对这一任务的提示：大卫·休谟曾对苏格拉底提出这样的反对意见，即他的思路并不是阶级上中立的："人们能够认真地主张，一个贫苦的农民或手工艺人可以随意离开他的故乡,哪怕他既不熟悉外语也不熟悉外邦的生活方式,并拼死拼活才能挣得每天的生计钱吗?人们可以同样合理地说,一个没有离开在海上航行的船的男人相当于同意接受了船长的统治,虽然人们曾将熟睡中的他丢到甲板上,而他唯一的出路就是跳进海里。(……)"(引文来自Hoerster, Klassische Texte der Staatsphilosophie, dtv 6067, S. 171.)

容许的逃亡和容许的逃亡手段问题不仅属于灰色的过去。1978年的《新法学周刊》第113页报道过一份德国联邦最高法院判决书中的如下案情:

"被告人被指责是位从东德国家人民军中逃亡到西德的逃兵,他在逃亡时违法使用冲锋枪射杀了两位东德边防士兵,此前为了逃亡的便利还曾入室盗窃过三辆车(《德国刑法典》第212、242、243条规定了这些犯罪行为)。他被怀疑在令边防士兵措手不及的情况下射杀了他们,但他们却未曾向他射击过。因缺乏证据,刑事陪审法庭宣告他无罪。他的答辩词说,是边防士兵首先向他射击,而他为了保命只能向他们瞄准开火。有观点认为，被告人射杀士兵是出于正当防卫（《德国刑法典》第32条），而盗窃车辆则是出于紧急避险（《德国刑法典》第34条）。"

透过正当防卫（《德国刑法典》第32条），魏因荷尔德案（Weinhold-Fall）背后的法律问题在于：边防士兵是否发动了违法的攻击行为。因为根据东德法，他们恰恰**有义务**使用射击武器，所以这一问题是不可避免的。如果肯认它，那么东德官方将魏因荷尔德称为"无政府主义的恐怖分子"就是对的。这不可避免会导致这样一个问题：国家是否有权强制性地留住其公民。从实证主义的观点来看，

法律就是法律！

是毫无疑问的。但大多数国家的法秩序相对于其他国家的法秩序或先前的法秩序都有质的保留，它们可以在我们的国际私法即《德国民法典施行法》第6条（"公共秩序"）中得到证明。自由迁徙被《德国基本法》第11条作为价值来保障，即便这只针对德国人（魏因荷尔德是德国人），即便这只适用于当时的联邦领域内（他想去的地方）。故而在这里

不可避免会潜入超实证的立场（终审判决参见 NJW 1979, 2621）。

魏因荷尔德案有一个发生于1943年的先例，即拉德布鲁赫在其名篇《制定法的不法与超制定法的法》（SJZ 46, 105）中报道过的案例：

> "1943年，一位在东部前线服役、奉命看守战犯的萨克森（Sachsen）士兵，'因为忍受不了对于囚犯的不人道待遇，或许也因为对在希特勒的军队中服役感到厌烦'逃亡了。在逃亡途中，他正准备破门进入他妻子的住处时被发现了，一位警官要逮捕他。他趁警官不备夺下了后者装满子弹的公务手枪，并从背后开枪将警官击倒。1945年，他从瑞士返回了萨克森。"

拉德布鲁赫判断，这里所包含的一般性问题在于

> "……实在的、通过命令和权力来保障的法，即使其在内容上是不正义和不合目的的，也拥有优先地位；除非实在法与正义之矛盾达到如此不能容忍的程度，以至于作为'非正确法'的法律必须向正义屈服。"

因此，在他看来，大部分纳粹法秩序都落入了法的领域之外。

上面所引的"**拉德布鲁赫公式**"后来成了东德柏林墙射手案判决的支柱性论据。[4]

2. 自由与秩序

"Liber"意味着"自由的"，"libertas"意味着"自由"；竭力支持这一点的人是自由的。自由派的对手会追问，这究竟会带来什么；将所有的力量都聚集于一个目标难道不更好吗？

a）梭伦与吕库古

流行的**国家与立法史**的开端是两个卓越的希腊国家，即斯巴达与雅典之间的对立，它们的代表是两位伟大的立法者，吕库古*和梭伦。斯巴达（通过吕库古）展现了国家主义（与国家相关的）理念，雅典（通过梭伦）展现了自由主义的理念。我们通过晚期希腊学者普鲁塔赫（Plutarch，公元50~125年）得知了吕库古立法的事。一些历史学家认为吕

---

[4] BGH, NJW 1993, 141 und 1932; BVerfG, NJW 1997, 929（参见 Lecheler, Unrecht in Gesetzesform? Gedanken zur Radbruch'schen Formel, 1994; Alexy, Mauerschützen-Zum Verhältnis von Recht, Moral und Strafbarkeit, 1993; Schroeder, Zue Strafbarkeit von Tötungen im staatlichen Auftrag, JZ 1992, 990).

* 也有译为"莱库古"的。——译者注

库古只是传说中的人物。在类型学的框架中并不涉及历史真相的问题。

在吕库古看来，政治的启发在于**平等的理念**：

> "因为存在着一种极度的不平等，许多无产和失业的人成了国家的负担，而财富全部被汇聚到少数人的手中，所以吕库古开始驱逐傲慢、嫉妒、犯罪、纵情享乐，以及国家更大的毒瘤：富裕和贫穷。"

他的第一项举措是广泛的**土地分配**，由此每个斯巴达人都获得了相同大小的、会带来相同收成（男人是 70 木桶的大麦，女人是 12 木桶！）的地块。

> "为了彻底消灭任何不平等，现在要来对家庭财物也进行分配了。"

这被证明是困难的。吕库古只好通过**干涉货币系统**来取得进展。他废除了金币和银币，代之以用铁块制成的钱币。它的尺寸是如此之大，以至于运输中等规模的一笔钱就需要用两匹马驾驶的马车了。

> "这里他开始逐走没用和多余的行业"（只要货币政策未曾实现这一点！），因为"……铁

钱没法和其他希腊民族流通，它们在那里是没有价值和遭受蔑视的。故而人们就没法从外国买来华而不实的货物，没有贸易货物被运进港口，没有妓院老板，没有占卜者，没有哲学教师，没有金银器首饰的匠人会踏上斯巴达的土地，因为那里就没有任何钱币。故而奢侈之风就会……逐渐消失。"

吕库古接下去的措施涉及——就像荷马（Homer）所描绘过的——希腊人所沉溺于的**吃喝**。

"为了进一步克制奢侈之风……他贯彻了他最好的政治理念：引入共同就餐制度。据此，公民要聚集在一起，取走事先配好的公共饭菜——而不是在家中就餐，靠在昂贵餐桌前奢侈的靠垫上，就着柔和的灯光被他们厨师所做的艺术品喂得像贪食的动物一样……"

公共长餐桌上最常见的菜是一道黑色的汤，编年史作家曾胆战心惊地描述过它。

或许影响更深的是他的**教育理念**。首先他追求（生产）健康的新生儿。

"他让年轻妇女通过跑步、摔跤、扔铁饼和

标枪来增强体质,从而能生出具有健康体魄的孩子,并让这一成果更好地逐渐成长……"

实行抢婚制度。成婚者不能在一起生活,只有为了生孩子才能同房,从而增强生孩子的愿望。年老体衰的丈夫被建议将年轻强干的男人介绍给他的妻子。因为,吕库古

"……并不将孩子看作是其父亲的财产,而看作是国家的集体财产,所以他希望公民不是被第一个遇见的人,而是被最强干的那人生出来。"

从中可以合乎逻辑地得知:

"如何抚育降临到世上的孩子并不由生他的人来决定,后者必须要将孩子交给共同体(来抚养)。"

共同体首先要来决定生死。体弱或畸形的孩子会被丢到深谷里弄死。幸运儿则会开始斯巴达式的教育。他们

"……要致力于成为严格守时、忍受劳累和学会在战斗中获胜的公民。"

饮食、衣着和居住的舒适度有意被减少至最低的限度。但这不只是为了被训练者!

> "这种纪律也延伸到了成年人。没有人能随心所欲地生活——他生活在国家中,就如同生活在对其全部行为(不管是私人的还是公共的)都作了严格规定的露营地上。他们根本就不相信自己,而是服从于他们的祖国。"

但如果这个或那个斯巴达人并不赞同这种"**纪律**"又当如何呢?希腊是由许多国家组成的!然而,吕库古

> "……并不允许斯巴达人离开他们的国土外出旅游,即便他们希望这么做。因为这样一来他们就知晓了外邦的习俗,并可能会将无组织无纪律的生活方式和不同类型的国体作为榜样了……他同样将所有并非出于特别的原因想要来环游这个国家的人驱逐出边境……从而他们就不会成为某些坏的榜样了……因为必然也会有异质的思想随着外国人一起涌入;但新的思想会导致新的判断;从新的判断中会蹦出新的欲望和目标,这或许与既有的国家并不相协调。"

最后从中可以得出如下原理:

> "因此他(吕库古)相信,相比于瘟疫和其他疾病,更需要防止国家受到糟糕的观点的传染。"

没有其他国家秩序比这更不自由的了。它唯一的目的在于强化军事力量,亚里士多德以及弗里德里希·席勒(Friedrich Schiller)[5]都曾批评过吕库古,为了这一国家目的将所有其他目的都遗忘了。但毕竟斯巴达有这样一个功绩,那就是通过防止波斯的入侵(公元前480年:温泉关战役)成就了雅典的黄金时代。

遗憾的是,关于与之相对的**雅典的梭伦**的法政治世界,我们对其细节知之甚少。我们只听说过,当梭伦废除了德拉古(Drakon)先前的立法时,雅典人是如何松了口气的。但我们从艺术和文学的见证可以了解雅典的生活,它完全是与斯巴达相对立的。人们在私有财产的范围内依照个人的口味来生活。一切生活方式以及政治行为的变种都可以被延续,当然也包括放荡不羁和厚颜无耻[如像阿尔西比亚德斯(Alkibiades)那样]。国家及其目的被认为是重要的,但又不是太重要。在喜剧作品中有对有

---

[5]《梭伦与吕库古的立法》(1791年)。

权势的政客的挖苦,智者们用令人瞩目的警句竞相反对统治者,反对国家,反对神。对**雅典自由**最好的辩护是艺术和科学的繁盛,尤其是在伯利克里(Perikles)时期,也就是当斯巴达的文化还几乎没有流传的时候。但一些人担忧的是,一个由这么多个体组成的国家能否应对真正的危机或来自外部的攻击——而这一担忧是合理的:在伯罗奔尼撒战争中,雅典最终于公元前404年败给了斯巴达,并屈辱地采用了战胜国为它规定的专制国体。

b) 柏拉图的忧虑

故而很清楚,柏拉图在其国家学说(政体学说)中在精神上投入到受吕库古启发的敌对阵营。他同样将对金钱的追逐和财富变得越来越重要看作是对自由国家的首要威胁,因为这会导致腐败的高危风险。此外,这也会出现一种**阶级对抗**,因为

> "……这样一个国家就必然不是一个,而是两个了。其中一个是穷人的,另一个是富人的,两者生活在一起却总是伺机伏击对方。"(551d)

此外,为了不受干扰地随意享受其财产,富人们容许国家中"懒汉和穷人"的数量越来越多。由此在青年人中就出现了"游手好闲的欲望":

"他们难道没有让他们的年轻人纵情享乐，使得他们在体质和精神的追求方面变得无能、纤弱和懒惰，尤其是当要防止喜悦或反感的时候？"（556d）

当人们同样平等和普遍地来确保穷人的自由，也即是创造出这样一个国家，在其中"每个人都可以做他想要做的事"时，情况也不会变得更好。这只会导致，

"……人们没必要来参与管理了，即便他们有能力这么做；甚至人们也没有必要服从（命令），如果他们没兴趣那么做的话，也几乎不会在战争中并肩作战……"（557d）

有时候人们认为，这类国家的容忍度是如此之大，以至于它首先取决于"被判决者的幸福心境"：

"或者你还未曾看出，在这样一个国家中，当人们被判处死刑或驱逐出国土后，仍然留在这里，和其他人一起漫步吗？"（558a）

但品尝过"雄峰*之蜜"的年轻人要准备好面对

---

* 雄峰（Drohne）在德语中亦有"懒汉"的意思。——译者注

精神上的混淆：羞耻被称为愚蠢的；谨慎被称为柔弱的；粗壮和家庭秩序被称为乡巴佬的和贫苦的；相反，傲慢、无序、纵情享乐和厚颜无耻却被珍重。这种无序可以是如此广泛，以至于

> "……父亲习惯于变得像男孩，害怕他那已经成年的儿子；儿子却变得像父亲，对他的父母不再敬畏，从而他真是十足地自由。"（562e）

进而（这是每个保守主义者都十分重视的段落）：

> "在这种情形中，教师害怕听众并向他们献媚。但听众从教师那里得不到什么东西。青年与老者是平等的，他们以言词和行动坚决与老者相斗争。但老者屈从于年轻人，并试图在充满智慧和有趣的念头方面赶上后者，所以他们看起来不那么粗暴或专制。"（563a）

公民的灵魂就如此慢慢变得娇纵起来，以至于

> "……当某人想要向他们施加哪怕是很少的强制时，他们也一样不愿意，甚至无法容忍。"（563d）

这样一来，大突变的时机就成熟了。因为

"……涉及某事的最极端的行为通常会招致大力倾向于对立面。故而即便是在国家中享有最极端的自由，最终也会转变为最极端的不自由。"（564a）

故而柏拉图以这种**辩证思维的样板**来与作为专制先锋的自由主义相抗争。

c）教育与自决

如果要将德意志联邦共和国的法秩序归入吕库古/梭伦的摆幅之中，那么最终它倾向于自由主义的类型。我们可以将它与吕库古的规定逐点进行对比，来检验吃、喝、言谈、书写、去、留、东游西荡、埋头苦读、服务、拒绝（服务）、居住、成就、获得财产、恋爱、生或不生孩子、教育等方面是否以及在多大程度上受到国家的规范。结论是："对幸福的追寻"很大程度上留给了每个人自己去实现。21世纪初时也存在过相反的倾向：在旅馆和公共场合禁止吸烟、关于限制酒类广告的讨论、几乎已具有法律拘束力的"政治正确性"规则，[6]对能源消耗的

---

[6] Adomeit, Political correctness – jetzt Rechtspolitik! NJW 2006, S. 2169ff.

管控。

在20世纪50~60年代,性关系成为最后一个与自由原则相抗争的前沿阵地。德国联邦最高法院的英勇努力（St 6, 46），即用"善良风俗"去对抗时代潮流,并将生活在一起的恋人评价为"淫乱",经常受人嘲弄。这场战役直到最后一个回合才被打赢。卖淫基本上和别的职业没啥区别（参见2011年的《卖淫法》,载于《帕兰特德国民法典评注》第138条附录）。裸体展示不再被国家权力所干扰,就像每个售报亭所展现的那样。偏离正常情形的性行为在《德国刑法典》第174条及以下条款中只是受到很弱的妨碍,几乎没有人因此被起诉。难以界定的"性别认同"得到了以欧盟指令为基础的2006年《普遍平等法》的保护。只是值得注意的是,伴随着性解放,每年儿童的出生量却一时间几乎减少了一半。

d) 均衡原则

公民相对于国家的自由还可以通过另一种方式来保护：用一种均衡力量来平衡、控制和削弱（国家的）权力。**罗马共和国的政体**已然建立在这种制度性伎俩的基础上,从那至今"共和国"这一表述自有其尊严。

在大约公元前500年左右,当驱逐了专制君主之后,罗马确定了共和国这一政体形式。它当时还是

第三部分　法政治学

一个独立的城市国家。它的政体毕竟经历了四个半世纪之久，只是在罗马成为世界帝国之中心的时代转折点前不久，它才被帝制（奥古斯都）所取代。

共和国的统治交由民众选出的官员之手，最高权力由两位**执政官**掌握。这种合作原则只能被解释为出于控制的目的，而非民主（两位执政官并不比一位来得更民主）。每一位掌权者都可以独立地行为，只要另一位没有反驳其命令（"调停权"）。继而其他职务行为在这一情形中被中止了，有违调停的行为是无效的。[7]没有规定说明在两位执政官发生冲突的情形中如何以正式程序作出决定。[8]此外，强制合意通过他们短暂的任职期（一年）得以强化。在紧急情形中，执政官会被元老院决议授予全权。

执政官最初属于古罗马贵族掌控的领域。不属于贵族家族的人，很难有机会担任公职。故而是一个贵族机关。

两位**护民官**构成了有利于平民的均衡力量。这一制度设置早在公元前494年已经为平民——通过所谓向城外的圣山（in montem sacrum）进发的抗议游行——所实施。护民官必须是平民（有时这一点会

---

[7] Theodor Mommsen, Römisches Staatsrecht, Bd. 1. (1876), S. 274.
[8] 无论如何在引入均势执政官政体后没有这样的规定。参见 U. v. Lübtow, Das römischen Volk-sein Staat und sein Recht (1985), S. 211.

被规避，一位对这一职位感兴趣的贵族如果让民众集会接纳自己也可以担任护民官）。他们在平民大会上被选出（"concilia plebis"）。护民官有针对所有官员行为的调停权。因而执政官有赖于他们的合作。他们的人身不受侵犯（神圣的）。平民在阶级斗争中取得的另一场胜利是367年通过的一部制定法［《李锡尼·赛克斯提法》（*lex Licinia Sextia*）］，据此两位执政官中的一位必须来自于他们之中。一些人已将这看作是超势而非均势了。

对均衡力量这一观念的伟大接续在孟德斯鸠（Mentesquieu）(《论法的精神》，1748年）。鲜有例子支持如何从分析性思维中衍生出政治要求：人们可以在智识上区分出三种国家权力，也即（?!）在宪法上要将它们区分开来。**立法-执法-司法**：《德国基本法》遵照了这一秩序。权力思想的代表者［列宁（Lenin）、希特勒］反对这一点——从他们的思想来说，必然会反对这一点。从欧洲经济共同体到欧共体再到欧盟的欧洲法发展过程中，要被谴责的是行政机关被赋予了过大的权力，以及存民主不足的瑕疵。

3. 民主与权威

a) 亚里士多德与民主的技能

"Demos"指的是"人民","kratein"则意味着"统治","Demokratie"就是"人民的统治"。第一种民主理论是由亚里士多德给出的。在作为逻辑学家的他看来,可能之国体的分类从"一人/多人/所有人"的区分中就可以产生。如果由一人统治,那就是君主政治。如果由最好的多人统治,那就是贵族政治。所有人统治就是民主政治。这些体制中的每一个都可能具有衰败的征兆:君主制可能会蜕化为僭主政治;贵族政治可能会蜕化为寡头政治(其中只有特权者才能算作统治者),而民主政治可能会蜕化为暴民的统治。从这一图式中自我发展出了关于国体循环的历史理论学说,这同样让人联想到柏拉图的《理想国》:每一种衰败情形都呼唤重新从相对立的原则出发。但亚里士多德通过最精致的分析认可了**民主原则的价值**。他赞扬梭伦,认为他给予了人民"最最必需的权力",即自行选择政府并让其负责,

> "……因为一旦人民不掌握这种权力,他们就会像奴隶那般生活并对宪法充满敌意。"(III.

Buch 1274b-10)

然而,他认为赋予人民以最高权力,即实行完全意义上的民主是存在问题的。它会带来这样的后果:

"如果穷人能凭借其人多势众去瓜分富人的财产,那么这并不是什么不法,因为他们掌握了最高国家权力(像宙斯那般!),可以用具有法律效力的方式来作出这样的决议;但人们还能将什么称为不法呢?"(1280b-15)

亚里士多德并不认为有什么办法能解决民主政治中对少数人的保护问题:他没法想象能有一部确保对此进行保护的民主宪法,更无法想象《德国基本法》第14条这样的条款。尽管如此,他还是为民主进行辩护:

"即便组成庞大民众的个人不是什么特别有才能的人,但他们在一起要好过特别有才能的人,只要人们看的不是个人,而是整体,就像一场由很多人出份子的宴会要好过由一个人自己出钱办的宴会。"(128b-1)

大众可以看上去"像一个人",其中单个成员分散的优点可以被联结起来。由此大众就要优于任何个人。("个人没有能力为自己作决定")当然:

> "……是否在每个民族和每一群人那里都有可能发现与并不特别有才能之人的区分,这是有疑问的。在某些民族那里这肯定是不可能的……因为可以直截了当地说:某些民族与动物之间有什么区别呢!"(1281b-20)

这是对**成熟的民主**,这一主题的早期贡献:我绝不会让亚里士多德看起来让人不快。他连贯的思路本身就会禁止他略过这一观点。他接下去的问题是,大众可以拥有多大的权力。在他看来,大众就是

> "……所有这样的人,他们既不富有也不具有特别的才能。"(1281b-25)

应当让"这类人"担任国家的最高职位吗?这是

> "……个极不确定的问题。因为如果他们缺乏正义和洞见,就会做不义之事,就会犯错误。"(1281b-25)

另一方面：

"将他们排除于一切政治权利之外是危险的。因为如果国家中存在着贫穷的和被剥夺所有公民权的大众，它就将充满敌意。"（1281b-30）

那该怎么办呢？

"剩下的做法就是，让他们参与咨询性和司法性的权力。因此梭伦虽然给予了民众选举公职和离任问责的权力，但却没有让这些人进行统治。"（1281b-35）

在**司法权**方面，我们可以从今天的观点出发向亚里士多德提出一些问题，关于苏格拉底之死、关于将最好的人驱逐于国家之外的贝壳放逐法。对于拥护民主思想的人来说，"人民法院"的表述就是块有力的试金石。即便人们可以想象，这类机构并非以扭曲的和误用的形式存在，而是真正地存在的！（我们的司法是以民主式的和贵族式的混合形式被组织起来的；贵族式的体现是考试和成绩的要求，民主式的体现是存在政治性的遴选委员会。）

亚里士多德同样不可避免地触及了**民主与（专业）技能之间的关系**，这不仅涉及统治的能力，也涉及选举与离任问责。

> "看起来,关于谁曾正确地处理过某种疾病的判断,只能交给自己能处理和治愈这种疾病的人。"(1281b-40)

这同样适用于**选举官员**(部长):

> "因为即便是正确的选择看起来也是专业人士的事,所以例如只有测地学家懂得如何正确选择一位测地学家,只有舵手懂得如何正确选择一名舵手。"(1281b-5) ——故而也只有教授才能聘任他的同事?

故而?这一思想扩展到了危险的领域!

> "按照这一观点,赋予民众自行选举其官员的权力并让他们负责,这看起来就是不对的。"(1282b-10)

这种怀疑最终可以通过这一提示来驱散:必须承受某一行为之结果的人,通常会比采取行为的人作出更好的判断——例如关于一座房屋,住在里面的人能作出更好的判断,关于"饮食是顾客而非厨师（能作出更好的判断）"。但通往公共职位的渠道只应向"贵族、自由和富有的人"开放。

> "……因为每个国家都需要自由人和纳税人，它很少是由纯粹的穷人和纯粹的奴隶组成的。"因为："……贵族相比于贱民更容易成为公民；而人们可以猜想，来源于更好的祖先的人本身也会更好。"（1283a-35）

这种对**通往公共职位之渠道**的障碍和限制很容易招致我们轻蔑的微笑。因为

> "所有德国人在各州均有同等的公民权利和义务。"（《德国基本法》第33条第1款）

但也有某些限制：

> "所有德国人根据其能力、资格和专业水平享有同等的担任公职的机会。"（《德国基本法》第33条第2款）

《德国基本法》第33条第2款不可避免地带来了有选择的**（精英式的）要求**，而我们的高级官员和议员的履历说明，在我们这里（合乎亚里士多的

观点),"大众"是多么经常地被排除于现实的统治之外。代表性的、非直接的民主永远无法消除与民众的距离。在封建主义早就解体了之后,能为其民众做很多事的伟大政治家都来自于古老的贵族家庭,如丘吉尔(Churchill)和周恩来(Tschu En Lai)。无论是从历史还是从统计学(联合国的成员国)的角度看,民主都是例外而非常态。

同样可以想一想,像亚里士多德这样一个冷静的人——他是逻辑学家和"总论"(一切科学的"总论",同样间接包括了《德国民法典》的总论)的发明者——也不想将**君主政治这一备选项**排除在外:

> "但如果在国家中某个人拥有令人诧异的美德,以至于其他所有人的美德和政治能力加在一起也根本无法与他相比,那么人们就不能将他作为国家的普通一分子来对待。如果他只能与其他不如他的人享有一样的权利,这对他来说就是不公的。不如说,这样的人要被视为人中的上帝……很清楚的是,对这类人不存在任何法律,因为他们自身就是法律……"(1284a-5, 10)
> [他的学生亚历山大(Alexander)就是这样的人?]

我们不信任这样的论调（这是个人崇拜!）。但经常会有这样的抱怨，即为了证明他们能做什么，政治家在民主制度中受约束太多。极端保守的俄罗斯人索尔仁尼琴（Solschenizyn）曾笔触生动地诊断西方社会的问题：

> "想要为他的国家诞生一部伟大的创造性作品的政治家被迫采取小心谨慎、甚至是战战兢兢的步骤；他总是被数以千计的鲁莽批评者所缠绕……这类人根本上可能劳苦功高、富有天赋、拥有无与伦比的能力，但他根本就无法施展——……因而在民主审查的外衣之下，庸人可能会被帮助获得胜利。"[《法兰克福汇报》1978年7月14日，"哈佛演讲"，伊丽莎白·黑雷施（Elisabeth Heresch）译。]

最后必须来复述熊彼得（Schumpeter）[9]的问题：对于已预先被政党组织决定了的政治家（或者联邦部长）**进行民主选举**，怎么评价这一现象？在某个政党中爬到顶峰的能力与我们所要求一位政治家所拥有的能力是相同的、类似的还是有别的？

---

[9] Schumpeter, Kapitalismus, Sozialismus und Demokratie, UTB Nr. 172.

第三部分　法政治学

b) 民主的悖论

在希腊人那里已经出现了后来卡尔·波普尔（Karl Popper）所称的"民主的悖论"：多数人将一切统治权都交给一位暴君，从而使得其权力具有民主合法性。拥有基本法的国家恰恰也建立在这一悖论的基础上。因为它直接的前身就是一位暴君，他看上去就是通过民主的途径——在1933年1月30日——上台的，并最迟在1933年3月（《消除国民与国家危机的授权法》）[10]地位得以巩固。这一晚近的经历说明了，为什么《德国基本法》与民主原则之间的联系是中断的，为什么它会将这一原则视为火药桶。虽然

"一切国家权力都来自于人民。"（第20条第2款）

这一条款具有很浓的民主意味，但除了选举联邦议院的成员外，人民鲜有出场的时候。国家权力是通过人民的"机关"来行使的。我们的联邦总统并不是由人民直接选举产生的。关于全民表决的提议与全民表决相比于魏玛宪法受到了不同寻常的限制。即便是两德统一后情形也没有什么改变。一再

---

[10] 参见Thamer, Verführung und Gewalt, Deutschland 1933–1945, Kap. V, 1986/2004.

有一种声音在立宪者的耳边鸣响，它煽动和诱惑着人民的意志。更别说人民的代表、选举产生的联邦议院是如何不受信任的了。《德国基本法》以基本权利章为起始，后者的条款，即第1条第3款，同样

"作为直接有效的法"

拘束着立法（在此，立法者与联邦宪法法院之间偶尔的不和谐被预先考虑到了。）

这些**基本权利**吻合自由主义的理念。它们为每个人都创设了有保障的自由空间。但它们并不吻合民主原则，而是意味着民主立法者之主权（自我统治）的丧失。在自由民主之基本秩序的公式（第18条第1款）中，"自由的"并不意味着对"民主的"升华，而是对它的削弱。

像卢梭（Rousseau）这类绝对民主的代表必然会提出异议，例如卢梭（《社会契约论》下卷，第七章）说：

> "……主权者若是以一种他自己不得违背的法律来约束自己，那便是违反政治共同体的本性了。……由此可见，并没有而且也不可能有任何一种根本法律是可以来约束人民共同体的，哪怕是社会契约本身。"

相反,《德国基本法》考虑的是想要排除暴君式民主的可能,即便这是某种"反自然"的东西。

c)"冒险尝试更多的民主!"

尽管如此,民主思想在(首先还是在西德)联邦共和国受到了前所未有的、其创造者所未曾预料到的欢迎,但这是在国家之外的领域:工厂、大企业、大学。对于这类机构我们可以说,民主不能被挡在它们的门外。

由此,**民主化**进程伴随着支持和反对它的波澜起伏的狂潮开始了。

aa)工厂

谁要是让别人为自己工作,谁就将通过劳动合同获得一种指示权,它接近于一种捆绑式的独裁统治。在资本主义的早期可以较为纯粹地观察到工厂主和工厂雇员之间的这类关系。从恩格斯(《英国工人阶级状况》,1845年)和马克思(《资本论》第1卷,1867年)之后,公司管理受到了多方面的限制:禁止使用童工、保护母亲、限制工作时间。指示权作为参与权的典范被保留了下来。

例如,当从现在起雇主想要颁布禁烟令(根据合同他有权这么做)必须征得(由雇员组成的)工厂委员会的同意时,以民主结构取代独裁结构(的趋势)就体现得很清楚。不那么清楚的是,为什么即便是雇主和雇员个人之间缔结的某个**合同**规定——如关于奖励工资之保险费率（《德国企业法》第87条第1款第11项），或关于延长超过65岁之老雇员的劳动关系的规定——在没有工厂委员会参与的情况下也是无效的。

bb）企业

"参与决定！"这种20世纪70年代的法政策学上的加油声涉及的基本不是工厂中工厂委员会的权利，而是企业中工会的权利。1976年的《参与决定法》在满足这一要求的同时，在最后一刻作了小小的退让：所有大企业的监事会从1978年夏季开始都要平等分配职位。在平手情形中赋予监事会主席决定权，这给了资方一种微弱的优势，因为资方——而非劳方——通常会担任主席。要清楚监事会的权力在于：聘任经营企业的领导机构，审查它的活动——《股份有限公司法》第84条，第111条。

在这里，民主思想是否被扩张到了正当的领域，必须由联邦宪法法院在关于雇主宪法之诉的裁判中予以说明。1979年3月1日的判决让这部法律经受住了（违宪审查），但它同样对于未来企业的操控力和集体合同体系作了保留（因为这是关键问题，所以人们可以说：联邦宪法法院尚未作出终局裁判！参见《新法学周刊》1979年，第699页）。

从21世纪初的观点来看，这一从国际比较的角度而言独一无二的德国式参与决定的制度不再那么令人信服。泛滥的全球资本主义得到了工会代表的支持，管理层的腐败行为也损害了那幅过于理想主义的图景。[11]

cc）大学

在我们的高校中，在整个20世纪60年代都经常（过于经常了？）可以听到关于民主的讨论。"民主制高校"，德国社会主义学生会（SDS）*在1965年的那份发泄不满的调查报告中如是说。这是讨论中的一个错误的关键词。在大学的"上层"和"下层"之间、教授与学生之间现在不存在、过去也不存在任何权力关系，不存在指示权，无论是在已成为过去的教会大学还是在今天的社团大学中都是如此。每个人都知道大学该干什么：研究与教学。**研究**是教授对于向他付薪水的国家承担的岗位责任，例如写这本书就是如此。通过**教学**他要向学生提供某些东西，如特定的专业信息和智识技能的训练。这些

---

[11] Rüthers, VW-Gemeinsamer Verrat an der Mitbestimmung? NJW 2007, S. 195ff.

* 德国社会主义学生会是当时西德和西柏林的学生政治性社团，从1946年存在到1970年。一开始与德国社会民主党站在一起，后来与母党强制分离后成了新左翼力量的聚集点，在20世纪60年代的学潮中扮演着重要角色。——译者注

东西可以被接受，也可以不被接受。主人/仆人的关系依如下方式被分配：学生是主人，教师是仆人，后者必须适应学生们的需求和理解水准。（以前听课人付钱给教授的做法恰恰反映出了这种服务关系！）

4. 平等与差别

a）柏拉图和亚里士多德关于共产主义的争议

平等的要求似乎是政治行为的起因。吕库古（见前文第208页）认为只有当在他的国家中建立起平等之后才算实现了正义。柏拉图的《理想国》激起了关于拥有个人财富是否正当的争议。

> "对于国家来说，还有什么是比将它撕裂，让它成为众多散乱者而非统一体更大的恶吗？"（462a）

人们如何又能否认这一点？

> "难道这不是因为，在国家中共同生活的人说出了像'我的'和'不是我的'这类话吗？"（462c）

因而在完美的国家中不能有财产上的差别！它的居民，

第三部分　法政治学

"……既不能拥有房屋，也不能拥有土地或其他资产，而应当来共同花费作为对其工作之回报的生活费用。"（464c）

这可能会带来很多好处，首先就**不再有任何法律人存在的必要**[12]了：

"在他们之间发生的法律争议和诉讼难道不会完全消失吗？……因为除了他的身体外他们不拥有任何自己的东西，所有其他的东西都是共有的。继而，不再会发生任何争执……也不再会有因暴力和侮辱行为提起的控诉。"（464d）

从柏拉图理想国的这一段落还不足够清晰地知道，共同财产应当延及多大的范围：是否涉及所有公民，还是只涉及守护者阶层（＝公共服务者）。无论如何，亚里士多德在《政治学》中提出了反驳，因为

"……毕竟并不是所有人在享受和工作方面都是相同的，毋宁说存在着极大的不相同性。从而，干得多、得的少的人肯定会对得的和享

---

[12] 柏拉图不想有法律人，并将一切高度发达的法学都视为道德败坏的象征（405a）。与此相应的是，法学活动只有到了古罗马才达致其顶峰（在公元 2 世纪和 3 世纪），那时像古罗马那样的情形已经占据了统治地位。

受得多而干得少的人不满。"（1262b-10）

亚里士多德认为，在共同体中同样可能存在口角：

"这一点从一起旅行的人那里就可以看到了：因为他们会为琐事争吵，一旦遇到困难就会对将起来。"（1262b-15）

私有财产的好处是，

"……每个人都会尽心尽力地为他自己的利益工作"——"大多数人共有的东西是最不被关心的。"（1263b-25）

考虑公共福祉的姿态在道德上具有优先性，只是这一点**迄今为止**还没有让人信服。（亚里士多德生活于公元前384~前322年）

此外，

"……对于享受来说还有一种无法言表的巨大优势，即能够将某物指定为自己的东西。"……"坦率地讲，每个人都喜欢任何类型的占有。"（1262a-25）

在英国经济学家亚当·斯密（Adam Smith）的时代，**自利主义的国民经济学功能——**

"私恶＝公益"

——很容易被理解。与此不同，这种款待客人的论据是非常希腊化的：

"每个人都喜欢让他的朋友、客人和同伴感到满意；而这只有当他拥有财产时才有可能。"（1263b-5）

在对柏拉图式的共产主义国家进行进一步讨论时，亚里士多德简直变得有点气愤了：

"这种制度看上去十分美好，也具有伟大博爱的表象。听说过它的人都相信，从中会形成所有人之间的巨大团结。尤其是当他去质疑既有状态所导致的恶并告诉自己，这一切都可能是因为财产没有被共有时，就更是如此了：大量关于合同的诉讼、对于伪证的定罪、对于富人的阿谀奉承。"（1263b-15）

但是：

"所有这类事情之所以发生,并不是因为缺乏共产主义,而是人类劣根性的结果……仅仅指出这样一些恶,说我们通过共产主义就可以从中解放出来,这可能是不公正的;相反,我们同样必须指出它会从我们这里剥夺的善:这样一来就可以证明,我们完全无法容忍这样的生活。"(1263b-25)

亚里士多德在这里可以说是预见到了我们**1989~1990 年的大转折**。对此,或许柏拉图会努力更准确和更具体地去澄清相反的立场:并非一般意义上的生活,而是被打下不同需求之烙印的生活是不可能的。他将格劳孔(Glaukon)的问题抛到了苏格拉底面前:在共产主义社会将会有什么吃的。关于这一真正的问题,多卷本的《马克思恩格斯全集》并没有谈及,尽管两位作者对于烹饪都感觉良好。苏格拉底描绘过一次乡村的简餐(372b),高度评价了吕库古的黑汤,但这还是有些简单了。这引起了格劳孔这位美食家的愤慨:

"噢苏格拉底,假如你用猪来组建国家,那么你能更好地喂饱它们!"(372d)

这场对话给出了被格劳孔视为对于一次体面的

就餐而言不可或缺的东西:

> "……那里必须要有靠垫、桌子和其他器皿,要有前餐、油膏、香料、妓女和作为餐后甜点的蛋糕,这一切都要极尽琳琅满目。"(373a)

苏格拉底的回答(373a-d;值得一读!)隐含着一个小小的国民经济学理论,它可以被归纳为:承认个人需求就无法产生一个共产主义国家。

b) 财产和权力

财产从来就不会终止对平等问题的讨论。托马斯·莫尔(Thomas Morus,1478~1535年,他被亨里希八世砍了头)曾将当时英国盗窃行为的频发归咎于地主将自由农民从其农庄中驱赶走的逐利行为,因为自从弗莱芒地区的布料行业发展起来之后,驯养绵羊就被认为更加有利可图了:这是一种早期的犯罪社会学。而卢梭(1712~1778年)在《论人类不平等的起源和基础》中也大声斥责道:

> "第一个有意开辟一块地皮并声称:'这属于我',并让其他头脑足够简单的人相信自己的人,是公民社会真正的奠基人。这个人为人类节省了多少犯罪、战争、谋杀行为、贫穷和憎

恶啊!他拔起了柱子,填平了沟壑,向他的同伴大声疾呼'请你们提防这个骗子'!如果你们忘了这些果实属于所有人,土地不属于任何人,那么你们就白白损失了!"

我们可以在法国大革命者、马克思和我们的环境保护运动中发现这一思想的延续。(从1755年开始!)

单单从财产问题出发来讨论平等与差别之间的紧张关系无疑是不对的。就此而言,马克思的学说明确了19世纪的关系。工厂主的权力通常并非基于财产,而是基于租约。他自己通常不是所有人,而是(担任领导职务的)职员。与他的权力相比,社会主义国家中干部的权力**更大**。这得到了几乎无限制的指示权的保障。工会并不是独立的,而是所有人(国家)的机关,主要活动都要得到它的支持。

因此可以得出这一命题:当财产遭受攻击时,被攻击的并不是它本身(人们能反对一位小园主什么?),而是因为它能作为造成差别的手段。财产在法律上导致贫富分化、贵贱有别、上下区隔,证明人类才干天赋的区别。

这一辩护说明,财产毕竟还是必须要有的,但要以社会效益作为前提;财产的收益同样能施惠于他人,例如通过税收和分配;拥有自己财物的愿望能使社会处于有益的动态；平均主义迄今为止未被建立，而是产生了"新阶级"及类似的现象。一些人认为平均主义的趋势非常危险，例如卡利克勒（Kallikles）在柏拉图的对话录《高尔吉亚篇》中说道：

> "立法的人是一群低劣之辈，是一堆平庸的人。他们只想着自己和对他们有好处的事。他们就是这样来确立法律以及应赞扬的善和应谴责的恶的。为了防止比他们能做出更多贡献的人超过他们（因而这些人不会比他们自己拥有更多的东西），他们说，一再超过他人是可耻和不公正的。当人们试图拥有比他人更多的东西时，这是不义的。我认为，这是因为他们自己十分满足于享有平等的待遇，而这只是因为他们不能贡献什么，他们是低劣的人。"（483b, c）

c）作为妇女权利的平等

在数个世纪以来的人类史上，即便是在高度发达的文明中，妇女都遭受了法律上的歧视。直到50年前，在《德国民法典》的婚姻法部分中，第1354条还这样规定：

> "丈夫有权决定与共同生活有关的一切事宜；尤其是他可以确定住所地和寓所。"

与此相对的《德国基本法》第3条第2款的内容直到1957年《平权法》通过后才被实现。今天，男女在法律上的平等看起来是那么的理所当然，人们不理解，怎么可能就在不久之前情形还完全不同（那时的想法基本不是个人主义的，而毋宁是与家族相关的，**家族**固有地享有民事和政治上的权利）。有争议的还有权利平等——按照《德国基本法》（1994年）第3条第2款第2项，国家必须促进它，而从1974年开始它已成为欧盟的社会政策计划（"平等待遇1号指令"[76/207/EWG]，被并入了2006年欧盟第54号指令，在德国2006年被转化为《普遍平等法》）——的**实际**实施情况。在国家和经济活动中，就热门的、担任领导责任的和高收入的岗位（因此是：机会平等的代理人）而言，人们还是能一再发现对妇女不利的不平等对待：是对个人能力的偏见？还只是出于保护母亲权益而可能支出的成本？[13]或者是因为许多女性竞聘者在对家庭和职业进行更好的平衡时，在总体上更愿意让职业的需求让道？

这一观念的先驱是奥兰普·德古热（Olympe de Gouges），她在1791年法国大革命时期起草了

---

[13] 参见 BVerGE 109, 64 = NJW 2004, 146.

一份《关于妇女与女性公民的权利宣言》(1793年被送上了断头台);当然还有西蒙娜·德·波伏娃(Simone de Beauvoir)的《第二性》(1948年出版,德语版出版于1951年);艾丽斯·施瓦策尔(Alice Schwarzer)和她的杂志《艾玛》(从1976年开始发行)。(关于2006年《普遍平等法》的哲学基础,参见 Adomeit/Mohr, KommAGG 2007, Einleitung, 以及 Adomeit, FS Buchner 2009, S. 1ff.)

5. 国家及其敌人

a) 论变迁

我们的最后一个政治问题是,找到了自身组织形式(=宪制)的国家是否以及应当在多频繁的程度上进行变迁。寻找正确的国体是最令人紧张不安的思想任务,在这里不会有什么宁静祥和。在希腊国家哲学中,几乎所有可想得到的方案都有人主张;它的国家实践则相应处于永恒的变换之中。相比于宗教上处于静止状态的(更古老的!)中国和埃及的国家秩序[用雅斯贝尔斯(Jaspers)的话来说:轴心期],抛出如下问题——

> 什么是理想的国体?(=应当去追求哪种国体?)

——是一种智识上的突破。只是这一进步并没有带来幸运,而是不安、争议、战争、毁灭。一个牢固地确信它已经找到了其理想组织形式的国家,会动用力量去制止一切哪怕是有根据的改变的努力。这似乎就是数十年来我们的共产主义邻国的做法,它们对于自己的宪法结构是如此自信,以至于每种改革的倡议都被认为是反革命的。这在戈尔巴乔夫(Gorbatschow)时代发生了戏剧性的改变。[14] 2010年和2011年之际,在阿拉伯国家发生了骚动和对改变的要求。自由国家可以被定义为:在其中改变宪制的建议可以公开和不受制裁地被讨论。

《德国基本法》的作者意识到,每部(几乎未被颁行的)宪法都会面对修改的愿望。它们容许修改,只是加大了难度:必须获得联邦众议院2/3成员以及联邦参议院2/3成员的同意(第79条第2款)。凭借这一授权可以做很多事:迄今为止已有如此多**修宪性法律**被颁布,以至于我们必须要很小心才能来点清从1949年5月23日之后没有被修改过的基本法条款了。但在国家法上,《德国基本法》仍保持不变。

但这只是因为每次修正都遵守了第79条第3款所设定的门槛,它在政治学和法理论上产生了新的

---

[14] 参见 Adomeit, Glasnost in Edinburg, JZ 1989, S. 990.

类型：

> "对本基本法的修改不得影响（？）（联邦主义的结构）……或第1条和第20条所规定的原则。"

如果直接忽略这一"勿碰我"公式，又会怎么样呢？或者，一部修宪性法律颁布了如下内容：

> "废除基本法第79条第3款。"

又会怎样呢？即便我们和我们的立宪者拥有十分崇高的思想，我们也极少能主张，对于一切时代都已发现和制定了（唯一真正的）宪法。在历史上这类观念一再被撞见。我们可以去看看，各种变化是发生地多么迅速；之前和之后的不同是多么明显；新生代每次对于提供给他们的事物是多么频繁地表现出欢迎之意；多么令人振奋鼓舞的欢迎；**不能激发振奋鼓舞情绪的选项是多么少**；而这或许是我们主要的民主式做法：如人们必须对于《德国基本法》第79条第3款的意图保持怀疑。经院主义神学重视关于这一问题的讨论，即全知全能的上帝能否创造出一块如此重的石头，以至于还没有人能举起它。第79条第3款的立宪者要经受类似的测验。如果有人能举起石头，那么他就已经这么做了。只是被修正后的宪法将变成一部新的宪法。被废除的只是连续性，现在有了一部**新的**宪法。（纳粹分子一开始的做法让人以为他们要继续维系魏玛宪法。）

《德国基本法》是对魏玛共和国被暴政所终结这件事的回应。它确保了生活和行动意义上的自由："追求幸福"——追逐不幸的自由同样包括在内。但这并不是没有任何门槛的改变的自由。这里面的差别来自于政治和历史的经历：是否应当按照自己的口味来生活，与对于国家的何种抨击应当被容许，这是两个不同的问题。拉德布鲁赫和茨威格特（Zweigert）表述道：

"今日之民主不再能作为对取缔自身的行为进行合法化的前提。"

这一表述有些窄，[15]但不可否认在规范上有这样的规定：基本权利丧失（第18条）、禁止（组建）违宪的政党（第21条第2款），后来还有以**保卫国家**为核心的抵抗权（第20条第4款）。

两德统一涉及《德国基本法》第23条（加入条

---

〔15〕 虽然这并不是没有榜样的：塞涅卡（Seneca, de clementia I, 1, 9）谈论过一种特别幸运的社会，它不缺乏自由，除了毁灭自身外："……除了自我毁灭，它什么自由都不缺。"

款），而非第 146 条（新宪法条款）。连续性得到了确保。[16] 人们主要可以从"左翼"政党的圈子中经常听到这样的说法：1990 年时创制一部新的全德宪法就好了。

b）什么是"法治国"？

假如对于国家的抨击不是通过言辞，而是通过行动呈现出来的，那么它就会具有新的性质。对此可能会有人持如下态度：这是个赤裸裸的权力问题。如果基础规范是成问题的，那么关键就只取决于谁是实力更强的一方。对于这种直接动用权力的可能性，自由国家中的警察部长只能做做梦而已：他被禁止拥有这种权力。他要受到标准化的法治国观念的约束。据此，国家在采取一切行动时都要受法律条款的约束。基本权利（《德国基本法》第 1 条第 3 款）作为直接有效的法约束着立法、行政和司法。制定法要被检验其是否合宪（《德国基本法》第 100 条）。行政必须合乎制定法（《德国基本法》第 20 条第 3 款）。通常对于法院裁判——它们审查了国家行为，并支持与起诉人之正义观念相反的主张——的极大不满掩盖了独立审查国家行为这一绝非理所当然的事实。

---

[16] 参见 Isensee/Kirchhof, Handbuch des Staatsrechts, Bde. VIII u. IX.

确保法的效力的国家权力本身也应当受到法的约束，这是后来的一项罕见的成就。罗马共和国孜孜不倦地追求着它。在随后的帝国（Principal）和拜占庭帝国，流行的观念恰恰相反：

"王侯不受制定法约束"（Ulpian, Dig. 1, 3, 31）

这被优士丁尼收录在了《学说汇纂》之中。[17] 这一拜占庭式的法律原则统治着20世纪的极权体制。但在此之前它早被用来为专制主义的国体进行辩护了。

c）喀提林阴谋

阴谋者的典范是**喀提林**。对于我们的阐述而言，一个很好的方式是将他针对当时占统治地位的法哲学家、执政官西塞罗（西塞罗发现并惩罚了这一阴谋）的经典事件（公元前63~前62年）展现出来。我们在此遵照撒路斯提乌斯（Sallust）（一位同时代人！生活于公元前86~前34年）的描述：

塞尔吉乌斯·喀提林（Sergius Catilina）出身于贫穷的贵族家庭。在公元前88~前82年的内战时期他加入贵族党［苏拉（Sulla）阵营］，实施了大量的暴力活动、驱逐和处决。他变得富有，也有了影响

---

[17] 对此参见 v. Lübtow, Das römischen Volk-Sein Staat und sein Recht, 1955, S. 459ff. "……已成为专制主义的经典表述。"

力。他堕落的生活，渐渐地也包括他的犯罪行为时常被人议论。尽管如此，他还是在公元前68年成为了**裁判官**，这是受托护法的最高职位。因而他离最高的官职即执政官只有一步之遥了。作为接下去数年非洲的裁判官，他是如此毫不知耻地敛财，以至于当他在公元前66年夏天返回罗马时面临着敲诈勒索罪的指控。他曾打算用剥削得来的钱去助选执政官。要成功地赢得这场选举在当时是昂贵的：游戏、奢华、捐赠、行贿。由于这场诉讼（最终他被无罪释放），他直到公元前64年才有机会第一次去竞选下一年的执政官。同时参加竞选的人、也是最大的竞争对手是西塞罗，时年42岁，出生于本土，按照罗马贵族的标准来说是一位暴发户（"homo novus"），但他作为律师成功地脱颖而出，并在仕途上升迁迅速。

为了扩大支持者的数量，喀提林改换了政治门庭：从贵族党投向了平民党。在他周围除了不满的贵族外还聚集了一批不法之徒，他向他们作出了一旦当选为执政官即进行革命的承诺：没收富人的财产，分配土地、官职，免除债务，允许自由劫掠。现在他的支持者已经开始让罗马的街道变得不安全，并开始使用恐吓性的暴力了。这使得贵族阶层改变初衷转而支持西塞罗，他在政治危机时刻表现出的雄辩同样使得他能成为"人民之友"。西塞罗无上光荣地［与安东尼（Antonius）一起］当选了。

于是喀提林决定通过颠覆政权来掌权。他催逼他的支持者组成了颠覆组织，煽动起了罗马和整个意大利的不满者，甚至还有奴隶，这在政治上触动了罗马秩序的神经。在菲耶索莱（Fiesole）一伙武装分子被聚集起来。对西塞罗和元老院其他成员的谋杀正在酝酿之中。

现在该西塞罗采取行动了。在听取了他关于喀提林计划的汇报后，元老院决定进入戒严状态。根据古老的紧急状态公式：

"执政官不能坐视国家受到损害！"

西塞罗运用相关的全权做好了军事准备。喀提林——在公元前63年11月5日或6日晚——呼吁支持者汇集罗马，并证立了谋杀西塞罗的必要性。

这通过杰出的密探活动——利用了现成的恋爱关系［富尔维娅（Fulvia）！］被侦知了：谋杀者发现自己的住所被监视了。在元老院中，他向冒险到场的喀提林喊出了一句著名的话：

"你还想耗费我们的耐心到什么时候？"

并迫使他匆忙离开了罗马。一周之后罗马人才知道，他已凭借假称的军队最高领导的徽章接掌了被聚集起来的军队的最高指挥权。西塞罗在获得认同后将喀提林宣告为

"罗马人民的公敌"，

这意味着他如今失去了法律的保护。但他的支持者们仍然站在他这边，也包括留在罗马的那些人。

阴谋的进展甚至将外国使团也带入了游戏。阴谋者试图让使团成员卷入他们的叛乱之中。西塞罗知悉了这一点；经过交涉，让使节们给出了书面证明；在一次策划的突袭中从他们那里验收了这些证明；从而逮捕了最重要的五位阴谋策划者；最后有了关于谋杀和纵火计划的书面证明；此外还有关于国外敌人之密谋的书面证明。令人尴尬的是，在五位被逮捕者中有现任裁判官兰图鲁斯（Lentulus）。

对于他们应当如何处理？西塞罗显然认为理所当然要处决他们。出乎意料的是，凯撒居然反对他的主张，人们曾以为凯撒更多是属于鹰派而非鸽派的人物（他是当时公选的大祭司，虽然并没有显露

出特别的虔敬)。他提醒道,只要罗马公民愿意被流放,罗马的刑法即禁止对其适用死刑。但在这一具体的案件中驱逐恰恰不是解决问题的办法:阴谋者一旦选择"流放",他们就会马上与他们的首脑喀提林联合起来,加强其军队的力量。故而在合法性与国家理性之间存在明显的冲突。凯撒说道:

> "如果对于他们的行为找不到合适的刑罚,那么我赞成新的提案(死刑);但如果犯罪的情形已经被(立法者的)想象力所预先设想到了,那么我建议适用我们法律已经规定的内容。"

凯撒想要说的是:**"罪刑法定!"** 被指定的执政官西拉努斯(Silanus)呈交的提案看起来并不合乎罗马国家的本质("aliena a re pulica videtur")。西拉努斯错误地

> "发明了一种新的刑罚"。

西拉努斯还不如提议施加笞刑;但显然他认为现行法禁止这么做。虽然叛逆者不值得怜悯,但这里却隐藏着远离合法性的危险!因为

第三部分　法政治学

"一切糟糕的例子都来自于公正的动机。"

更准确地说：

"一旦这种权力不被行使或被运用于恶行，关于对此合适的新措施就会被转移给对此不合适的情形"。

凯撒举了一些例子，如斯巴达人在获得胜利后是如何处死雅典人的，苏拉分子在罗马是如何处死民众党的拥护者的。虽然在凯撒的统治下不用担心会发生这类事情（"atque ego haec non in M. Tullio neque his temporibus vereor"），但在一个大国中或许有许多不同信仰者（"sed in magna civitate multa et varia ingenia sunt"）。因此，

"可能在另一个时间、另一位执政官——军队同样听从他的命令（就像后来的他那样！）——那里，错误也被认为是真理"。

最终，

"如果通过这一例子，元老院决议让执政官去发动战争，那么还有谁能为他设置界限、谁能

节制他呢?"

人们不应当非法处决阴谋者,而应当将他们分开,阻断他们之间的联系,将他们流放到小城市去。

针对这项规模庞大的工作,西塞罗(在第四次喀提林演讲中)运用了一切修辞上可能的论据来反对**合法性原则**。

他非常机智地让人去怀疑凯撒的可信度,因为后者(尽管出身于最高贵的家族)代表的是平民党。凯撒不当地呼吁了保护罗马公民免于死刑。因为:他现在提出了那个几乎无法避免的糟糕论据:

"国家公敌从来就不可能是我们国家的公民"。
"从速从重裁决!"

裁决是死刑。西塞罗[18]下令立刻处决,从而就没有什么新的提案能对此进行改变了。当天晚上,这五个人在狱中被扼死了。喀提林本人不久之后在公开的野战中战死。

西塞罗最初被视为祖国的救星。五年之后,根据一部溯及既往的制定法(!),他因为这场需要负

---

[18] Mommsen, Röm. Strafrecht, 1899, S. 173 称其为西塞罗的"既不那么讲政治又不人道的司法谋杀"。

责的处决被流放。

[**任务**：] 在魏玛和我们共和国的历史上，主流法哲学家同样反对（真实或假想的）恐怖主义的威胁。例如，古斯塔夫·拉德布鲁赫，这位魏玛共和国社会民主党的司法部长在拉特瑙（Rathenau）被谋杀后，于1922年实施了《共和国保护法》。继而维纳·迈霍菲尔（Werner Maihofer），这位1977年由自由民主党派遣的联邦内政部长，在得知原子科学家特劳贝（Traube）与恐怖分子克莱恩（Klein）之间有联系后，援引"超越法律的紧急状态"来让人对他们的对话进行监听，或者掩盖这一事件。

这些事件与西塞罗的想法之间存在什么样的关系？[19]

6. 结语：论正义

规范、制定法、判决、整个法秩序都可能（也应当）是公正的。立法者、教义学者和法官都必须

---

[19] 也可参见 Rogall, Ist der Abschuss gekaperter Flugzeuge widerrechtliche? NStZ 2008, S. 1ff.；Pawlik, Der Terrorist will nicht resozialisiert werden, FAZ am 25.2.2008, S. 40.

趋向这一目标。十分常见的是，服从法律者（公众观念）会批评和控诉道："正义何在？"在两德统一之后，民权运动者贝贝尔·博勒伊（Bärbel Bohley）对统一只是赢得了法治国而非正义感到失望。只要正义尚未被建立，我们就有必要对法律进行批评，也有必要拥有政策学。更现实的例如有关于简单劳动之最低工资的讨论，或关于经理人薪酬之法定最高限额的讨论。在欧盟，2011年爆发了关于该如何对待陷入债务危机的国家（如希腊）的激烈争论。

故而正义是一种**法的属性**，一种积极的属性（如果不说是理想的属性的话）。法必须要怎么样才能够得上这一称呼呢？这属于**法哲学**永恒的主题，对此一切伟大人物都贡献过思想——只是没有达成共识。从杰里米·边沁——"正义不外乎是一种想象出来的工具，它被用于特定场合和通过特定手段来促进仁慈的目的"——之后，近代法理论更乐于将这一问题谴责为是错误的或形而上学式的。即便是法教义学，包括属于它的方法论，也更偏爱另一套语汇。在法律人中，说某种做法是"不正义的"，会被认为是笨拙和有点幼稚的说法。为此有足够多的其他更技术性、效果更好的惯常说法：

- 未能满足……的利益
- 违背了制定法的评价……
- 与一般法律原则相矛盾……
- 对于 X 而言是不可期待的("不合理的")……
- 违反了比例原则……
- 有违诚实信用……
- 有违平等原则/社会国原则……
- 有违公民的法律观……

……

我们所诉诸的这些用语一旦在制定法上被确定下来就被称为**一般条款**,这绝非偶然。正义似乎是所有一般条款的本质,而且是直接的本质,而非像法的其他部分那样以成形的规定为媒介。这就导向了这样一个问题:与一再对正义进行迂回改写相反,在看起来不可避免要运用一般条款的地方,立法者更好的做法是不是直接去规定:

遵守正义原则!

(所有一般条款的同一性命题)

使得正义体系化的努力并没有超越亚里士多德的二分法,即"交换正义"("补偿正义")与"分配正义"[依照科殷(Coing)的观点,还要加上保护原则,"保护正义"]。涉及公正补偿的是两个彼此对等的对象,如货物与价款、给付与对待给付(《德国民法典》第138条第2款)、罪责与刑罚、侵害与抚慰金("补偿功能")、进攻与防卫(《德国民法典》第227条)、罢工与(对罢工者的)解雇("合乎比例"!)、违约与解除。——假如多方或至少两方当事人被第三方给予利益或强加负担(资助、征税),就会涉及公正分配的问题:关于平等原则和平等待遇原则的所有司法裁判都属于这一问题(参见卡纳里斯的专著)。或许每个法律问题——如果它不只是技术形式方面的问题,而是要从普遍的视角来做考察的话——都可以要么被展示为补偿问题,要么被展示为分配问题。无论如何,法律人在日常情形中必须与诸如"什么是平等的"或"什么是合乎比例的"这类问题打交道。而当他像惯常那样去求助于《帕兰特德国民法典评注》或一部德国基本法评注时,他就要冒与西塞罗或托马斯·冯·阿奎那(Thomas von Aquin)的思想变种相冲撞的风险。

凯尔森在其《纯粹法学说》(附录:《正义问题》)中坚持认为,迄今为止不存在任何有说服力的定义,在未来也不可能有这样的定义。从中产生的新康德主义立场是**相对主义**的立场,他与马克斯·韦伯、古斯塔夫·拉德布鲁赫和阿诺德·布莱希特(Arnold

Brecht）分享了这种立场。凯尔森表述道：

> "关于什么是公正的、什么是不公正这一问题的判断……取决于我们……"（《纯粹法学说》，第442页）

这一态度有其很好的传统，在亚里士多德那里我们就可以发现关于平等问题的相对主义特征了。**甚至民主的必然性**听上去也是这样：因为只有当人们不知道什么是公正的时候，将要实现的计划委托给非常偶然的选举决定才是合理的。在魏玛时代，相对主义立场针对价值哲学和天主教自然法学提出这样的主张是困难的：难道不存在善和真吗？相对主义者的回答依然是否定的。每个人都必须自行去确定这一点。法的安定性相对于正义而言是一种更高的善（拉德布鲁赫）。[20]

纳粹运动引发的地震导致了今天依然难以理解的扭曲现象：必然已看出了其中之问题的价值哲学家感到自己被卷入甚至被说服了［海德格尔（Heide-

---

[20] 在1956年针对当时德国共产党的禁令判决中，相对主义成了德国宪法法院的一个重要论据。BVerGE 5, 224："自由民主国家……必须承认这一观点，即在政治根本观念的领域不存在一种可证明的和不可反驳的正确性。"故而：有义务去承认不予承认！我们的哲学基座是如此复杂。

gger)、拉伦茨、福斯特霍夫（Forsthoff）、抢占"高地"的天主教自然法学说思潮]，原本必须要容忍这一变种的相对主义者却成了反对者，一开始是出于自愿，后来则是由于新主人的更自然的天性，他们将凯尔森和拉德布鲁赫等同视之。

政治上的灾难既无法通过相对主义、也无法通过某种价值哲学来避免。战后立法——《联合国宪章》、《德国基本法》、《欧洲安全与合作会议原则》（"赫尔辛基会议原则"）、《欧盟基本权利宪章》——有必要将根本性的法律价值转化进现行法之中。即便这类价值无法得到客观证明，即便某些人、也包括某些哲学家［尼采（Nietzsche）！］宁愿跟着魔鬼走，也有足够多睿智和令人信服的声音支持着这类价值。在最最开始的时候，苏格拉底（参见前文第204页）就提出了制定法应具有的质的要求。

也即是如下**要求**：首先，制定法和司法程序必须为每个公民所知：**信息自由、公开**。其次，每个人都必须有机会去说服立法者制定更好的制定法：**思想自由**，这是民主**协作**的最低限度要求。最后，如果本国的制定法不合其意，公民应当能够带着他的家庭和他的所有东西离开这个国家：**出境自由**。最基础的要求：**禁止任何形式的刑讯**（苏格拉底并不知晓20世纪的这种野蛮做法，所以对此并没有谈

第三部分　法政治学

及）。涉及这一主题的现实案例是格夫根（Gäfgen）案件。[21]

因而这些重要的基本权利在思想上已经被预先认识到了，无论如何，它们随着1966年12月16日的《联合国人权公约》获得了国际认可（Heidelmeyer, Hrsg., Die Menschenrechte, UTB Nr. 123）。在欧洲，1975年8月1日在赫尔辛基召开的安全与合作会议让成员国承担了实现这些人权的特别义务。人权观念的一则成功案例可能是，（几乎没有希望的）共产主义权力体制自我中止了。* 在欧盟，经年以来被不断推动发展的"基本权利宪章"（Nizza, 2000）最终使得它与2007年《里斯本条约》（《欧盟宪法条约》）一起具有了法律约束力。欧盟立法者从一开始就打下了人权方面的烙印，尤其是平等和平等待遇，它们一开始

---

[21]　这位当时的法学专业学生在2002年被警察审讯时，被威胁将遭受"难以想象的痛苦"，因为人们希望遭绑架的银行家之子、11岁的雅各布·冯·梅茨勒（Jakob v. Metzler）能够生还。关于侦查程序中被迫招供的后果，请参见欧洲人权法院的裁判（NStZ 2008, 699）。随后，法兰克福地方法院于2011年夏季宣判将一笔高达3000欧元的抚慰金给予在2003已经因为犯敲诈绑架罪和谋杀罪而被判处终身监禁的格夫根，理由是后者遭到了刑讯的威胁，这引起了公愤。但在司法程序中必须要被考虑的是犯罪嫌疑人的尊严，而非（假定尚有待解救的）受害人梅茨勒的尊严，假如人们不想偏离不容许存在例外的禁止刑讯这一要求的话。这里我们再一次涉入了（主观的）法政策学领域。

*　这里指的应当是苏联解体与东欧剧变。对这一历史事件的评价，读者当可有不同于作者的评价。——译者注

涉及对尚未取得平权之妇女的保护（《欧共体条约》第119条），继而被扩展至对反歧视的一般性保护（今日《欧盟工作基础协定》第8和第10条）。

规范逻辑的36个核心命题

I. 关于法律规范

1. 一切法秩序都由法律规范构成（第61页）。
2. 法律规范与其他规范的区别在于它们具有法律拘束力（第66页）。
3. 命题涉及实然，规范涉及应然（第70页）。
4. 矛盾之事不能成为规范（第72页）。不同观点参见凯尔森（《规范的一般理论》）。

II. 规范与真

5. 命题是真的或假的，规范则有效或无效（第74页）。
6. 简单的规范命题（作为存在的主张、引证、对内容的复述）可以是真的或假的（第74页）。
7. 对于教义命题意义上的规范命题而言，可以客观化的不是它们的真值，而是他们的证实值（证实值）

(第75~76页)。

8. 法官同样可以作出与最可信之证实值相反的裁判（第88页）。

9. 教义建构的逻辑可以出于实用主义的考虑被打断（第88页）。

III. 行为规范的逻辑

10. 存在四类行为规范：命令、禁止、允许、豁免（第93、96页）。

11. 禁止与命令构成反对性对立（第93页）。

12. 禁止与允许或命令与豁免构成是相矛盾的（第97页）。

13. 命令蕴含允许，禁止蕴含豁免（第95页）。

14. 允许加豁免意味着不受规范的行为（魏因伯格意义上的"允许"）（第93页）。

15. 禁止可以被解释为对不作为的命令，反之亦可（第94页）。

IV. 法学三段论

16. 逻辑对规范效力的传递与对命题真值的传递一样有效（第102页）。不同观点参见凯尔森（《规范的一般理论》）。

17. 得出规范性结论需要至少一个规范性前提（第102页）。

18. 在进行法律涵摄时，要寻找的不是结论，而是两个前提（第103页）。

19. 结论不可能拥有比规范性前提更高的证实度（第106页）。

V. 关于授权

20. 法律拘束力只可能基于法律授权而产生（第122页）。

21. 为使规范具有拘束力，规范的创制者必须是授权规范的受众（第109页）。

22. 当某个规范的制定在内容和形式上符合上位授权规范时，它就是有效的（第109页）。

23. 授权意味着制定规范的权能（第109页）。

24. 授权并不蕴含允许，允许也不蕴含授权（第110页）。

25. 严格说来，对于效力而言，某个规范的实效并不重要（不同观点参见凯尔森：《纯粹法学说》）（第109页）。

VI. 法秩序的阶层构造

26. 法秩序完全可以被展示为规范的阶层构造。为此有三类规范就足矣：行为规范、授权规范与组织规范（第106页及以下）。

27. 即便是自然人也是法律上的人（第113页）。
28. 作为支配权的权利是请求权与自由的结合，形成权是权能（第114~115页）。
29. "私人自治"是形成权的总和（第119~123页）。
30. 康德和凯尔森的基础规范理论认为，坚定地忠诚于法的立场与无政府主义的立场在逻辑上是等值的（第127页）。在它们之间做选择属于法政策学问题（第197页以下）。

VII. 关于法律规范的解释

31. 严格的语词解释与自由而不受限制的处置这两种相对立的方法在法理论上是等值的。在它们之间做选择——或确定一条黄金分割线——属于个案中的实践理性问题。
32. "法无法规定如何对自身进行解释"（罗斯：《法源理论》，1929年）。这说到了点子上。
33. 自然法学者不想区分（他们所）希望的法与现行法。这在策略上是聪明的。将某部被坚决捍卫的希望的法称作是已经有效的法，会使它变成现行法。

34. 迄今为止人们还没能够以可靠的方式提出"正义的标准"(克里勒),但人们应当一再去追寻它们。

35. "法的续造"(《法院组织法》、《劳动法院法》)以一种天堂般的终极法律状态为前提,人们必须设法去追求这种状态。实事求是地看,它涉及法律变迁,大多数时候是出于政治目的(对此参见 Adomeit, Rechtsfortbildung und Billigkeitskontrolle im Arbeitsrecht, Festschrift Schaub 1998, S. 1ff.)。

36. 法学方法的问题只是现代精神危机的一个方面,它可能会与后者一并被解决,也可能(更有可能的是)会与后者一样悬而未决。

问题的答案

问题 1（第 44 页）：

优士丁尼：《学说汇纂》（前文第 131 页）；腓特烈大帝：1794 年《普鲁士一般邦法》；1804 年《拿破仑民法典》。

问题 2（第 54 页）：

制定法实证主义：参贝格鲍姆：《法学与法哲学》，1892 年；法学家法，最清晰的体现是 19 世纪的潘德克顿学，例如萨维尼（前文第 135~137 页）；法官法，美国现实主义学派，对此参见埃塞尔：《原则与规范》，1956 年，第 20 页及以下，第 119 页及以下；民众法，参见普赫塔：《习惯法》，1828 与 1837 年。

问题 3（第 83 页）：

并非是一种循环定义，而是一个非常易被误解的规范。

问题 4（第 100 页）：

在逻辑上，禁止与命令是等值的。如果它们同时被颁发，就不存在任何规范。参见塞尔苏斯（Dig. 50, 17, 188）。

问题 5（第 123 页）：

"允许"指涉事实上的行动；它们随后不被禁止；"批准"（嗣后）指涉具有法律行为意义的行动，它们由此而有效，参见《德国民法典》第 108 条。这里同样涉及行为层面与授权层面的区别。

问题 6（第 128 页）：

只是表面上的同义反复。当"法律（制定法）"第二次出现时，被更尖锐地强调，并由此获得了一种新的同一性。

问题 7（第 136 页）：

萨维尼认为，可以从罗马法源中发展出当代的法。

法理论经典作家

希腊人
梭伦（公元前 640~前 561 年）
苏格拉底（公元前 470~前 399 年）
柏拉图（公元前 427~前 347 年）
亚里士多德（公元前 384~前 322 年）

罗马人
西塞罗（公元前 106~前 43 年）
塞涅卡（公元前 4 年~公元后 65 年）
《学说汇纂》（编纂于 533 年）

基督徒
奥古斯丁（354~430 年）
托马斯·冯·阿奎那（1226~1274 年）

英国人
托马斯·莫尔（1478~1535 年）

托马斯·霍布斯（1588~1679年）

大卫·休谟（1711~1776年）

杰里米·边沁（1748~1832年）

法国人

孟德斯鸠（1689~1755年）

让-雅克·卢梭（1712~1778年）

《法国民法典》（1804年版）

西班牙人

弗朗西斯科·维多利亚（1486［?］~1546年）

何塞·奥特加·伊·加塞特（1883~1955年）

德国哲学家

伊曼努尔·康德（1724~1804年）

格奥尔格·威廉·弗里德里希·黑格尔（1770~1831年）

亚瑟·叔本华（1788~1860年）

卡尔·马克思（1818~1883年）

德国法学家

弗里德里希·卡尔·冯·萨维尼（1779~1861年）

鲁道夫·冯·耶林（1818~1892年）

当代理论家

马克斯·韦伯（1864~1920年）

古斯塔夫·拉德布鲁赫（1878~1949年）

韦斯利·纽科姆·霍菲尔德（1879~1918年）

汉斯·凯尔森（1881~1973年）

特奥多尔·盖格尔（1891~1952年）

卡尔·恩吉施（1899~1990年）

特奥多尔·菲韦格（1907~1988年）

乌尔里希·克卢格（1913~1993年）

于尔根·罗迪希（1942~1975年）

文献提要

一般法理论（Allgemeine Rechtstheorie）

1. Adomeit, Normlogik – Methodenlehre – Rechtspolitologie, gesammelte Beiträge zur Rechtstheorie 1970–1985, Berlin 1986. (阿多迈特：《规范逻辑·方法论·法政治学：法理论论文集(1970~1985)》，柏林 1986 年版。)

2. Braun, Einführung in die Rechtswissenschaft, 4. Aufl., 2011. [布朗：《法学导论》（第 4 版），2011 年。]

3. Dreier, Was ist und wozu Allgemeine Rechtstheorie?, 1975, neu ders., in Recht – Moral – Ideologie, Studien zur Rechtstheorie, 1981. (德莱尔：《一般法理论是什么、要往何处去?》，1975 年，重刊于德莱尔：《法·道德·意识形态：法理论研究》，1981 年。)

4. Hofmann, Einführung in die Rechts – und Staatsphilosophie, 4. Aufl. 2008. [霍夫曼：《法哲学与国家哲学导论》（第 4 版），2008 年。]

5. Horn, Einführung in die Rechtswissenschaft und Rechtsphiloso-

phie, 5. Aufl., 2011. [霍恩:《法律科学与法哲学导论》(第5版), 2011 年(中译本参见罗莉译, 法律出版社 2005 年版)。]

6. Kaufmann/Hassemer, Einführung in Rechtsphilosophie und Rechtstheorie der Gegenwart, 8. Aufl. 2011. [考夫曼/哈斯默尔:《当代法哲学与法律理论导论》(第 8 版), 2011 年(中译本参见郑永流译, 法律出版社 2013 年版)。]

7. Rüthers/Fischer, Rechtstheorie, 5. Aufl. 2010. [吕特斯、费舍尔:《法理论》, 第 5 版, 2011 年(中译本参见[德]伯恩·魏德士:《法理学》, 丁晓春、吴越译, 法律出版社 2013 年版)。]

8. Zeitschriften: ARSP = Archiv für Rechts – und Sozialphilosophie; Rechtstheorie. (杂志:《法哲学与社会哲学论丛》、《法理论》。)

一般法学说 (Allgemeine Rechtslehre)

9. Bentham, Of Laws in General, ed. Hart, London 1970, geschrieben nach 1780 (Editionsbericht: Hart, Rechtstheorie 71, 55) [边沁:《论一般法律》, 哈特编, 伦敦 1970 年版, 写成于 1780 年之后(编辑报告参见哈特:《法理论》(第 71 卷), 第 55 页)(中译本参见毛国权译, 上海三联书店 2013 年版)。]

10. Funke, Allgemeine Rechtslehre als juristische Strukturtheorie, 2004. (冯克:《作为法律结构论的一般法学说》, 2004 年。)

11. Hart, The Concept of Law, Oxford 1961. [哈特:《法律的概念》, 牛津 1961 年版(中译本第 2 版参见许家馨、李冠宜

译，法律出版社 2011 年版）。］

12. Kant, Die Metaphysik der Sitten, 1797.［康德：《道德形而上学》，1797 年。（中译本参见张荣、李秋零译，载李秋零主编：《康德著作全集（第 6 卷）：纯然理性界限内的宗教 道德形而上学》，中国人民大学出版社 2012 年版。）］

13. Kelsen, Reine Rechtslehre, 2. Aufl. 1960; Studienausgabe (der 1. Aufl. 1934) 2008.［凯尔森：《纯粹法学说》（第 2 版），1960 年；学生版（1934 年第 1 版）*，2008 年（中译本初版参见凯尔森：《纯粹法理论》，张书友译，中国法制出版社 2008 年版）。］

14. Nawiasky, Allgemeine Rechtslehre als System der Grundbegriffe, 2. Aufl. 1948.［纳维亚斯基：《作为基本概念体系的一般法学说》（第 2 版），1948 年。］

15. Röhl/Röhl, Allgemeine Rechtslehre-Ein Lehrbuch, 3. Aufl. 2008.［罗尔/罗尔：《一般法学说教科书》（第 3 版），2008 年。］

科学理论（Wissenschaftstheorie）

16. Herberger/Simon, Wissenschaftstheorie für Juristen. Logik, Semiotik, Erfahrungswissenschaften, 1980 (dazu Adomeit, NJW 1981, 213).［赫尔贝格/西蒙：《写给法律人的科学理论：逻辑

---

* 该书目前已有第 2 版的学生版（Hans Kelsen, Reine Rechtslehre, Studiensausgabe der 2. Auflage 1960, hrsg. v. Matthias Jestaedt, Mohr Siebeck 2017）。——译者注

学、符号学、经验科学》，1980年（书评参见阿多迈特，《新法学周刊》1981年，第213页）。]

17. Hume, Eine Untersuchung über den menschlichen Verstand, 1748. [休谟：《人类理解研究》，1748年（中译本参见关文运译，商务印书馆2007年版）。]

18. Kant, Prolegomena zu einer jeden künftigen Metaphysik, die als Wissenschaft wird auftreten können, 1783. [康德：《任何一种能够作为科学出现的未来形而上学导论》，1783年（中译本参见李秋零译，载李秋零主编：《康德著作全集（第4卷）：纯粹理性批判（第1版）未来形而上学导论 道德形而上学的奠基 自然科学的形而上学初始根据》，中国人民大学出版社2012年版）。]

19. Popper, Das Elend des Historizismus, 1965. [波普尔：《历史决定论的贫困》，1965年（中译本参见杜汝楫、邱仁宗译，上海人民出版社2009年版）。]

20. ders., Logik der Forschung, 1934, 11. Aufl. 2005. [波普尔：《科学发现的逻辑》，1934年，2005年第11版（中译本参见查汝强、邱仁宗译，中国美术学院出版社2008年版）。]

规范逻辑（Normlogik）

21. Binding, Die Normen und ihre Übertretung, 4 Bände, Neudruck 1965. [宾丁：《规范及其违反》（4卷本），1965年重印。]

22. Engisch, Logische Studien zur Gesetzesanwendung, 1943, 3. Aufl. 1963.（恩吉施：《制定法适用的逻辑研究》，1943年，1963年第3版。）

23. Geiger, Vorstudien zu einer Soziologie des Rechts, 4. Aufl. 1987. [盖格尔:《法社会学初阶》(第4版),1987年。]

24. Hohfeld, Fundamental Legal Conceptions as Applied in Judicial Reasoning, ed. Cook, New Haven and London 1919. [霍菲尔德:《司法推理中应用的基本法律概念》,库克编,纽黑文和伦敦1919年版(中译本参见[美]霍菲尔德:《基本法律概念》,张书友编译,中国法制出版社2009年版)。]

25. Kelsen, Allgemeine Theorie der Normen, 1979 (aus dem Nachlass). [凯尔森:《规范的一般理论》,1979年(遗著)。]

26. Kelsen/Klug, Rechtsnormen und Logische Analysis: ein Briefwechsel 1959 bis 1965, Wien 1981. [凯尔森/克卢格:《法律规范与逻辑分析:凯尔森与克卢格通信集》(1959~1965),维也纳1981年版。]

27. Klug, Juristische Logik, 4. Aufl. 1982. [克卢格:《法律逻辑》(第4版),1982年(中译本参见雷磊译,法律出版社2016年版)。]

28. Ross, Directives and Norms, London 1968. [罗斯:《指令与规范》,伦敦1968年版(中译本参见雷磊译,中国法制出版社2013年版)。]

29. Weinberger, Rechtslogik, 1970; 2. Aufl. 1989. (魏因伯格:《法律逻辑》,1970年,1989年第2版。)

30. ders., Norm und Institution, Wien 1988. (魏因伯格:《规范与制度》,维也纳1988年版。)

规范逻辑与民法（Normlogik-und Zivilrecht）

31. Bucher, Das subjektive Recht als Normsetzungsbefugnis, 1965. (布赫尔：《作为规范制定授权的主观法》，1965年。)

32. Jahnke, Tarifautonomie und Mitbestimmung, 1984. (扬克：《劳资协议自主权与共同决定》，1984年。)

33. Louven, Problematik und Grenzen rückwirkender Rechtsprechung des Bundesarbeitsgerichts, 1996. (路文：《联邦劳动法院溯及既往之司法判决的问题与界限》，1996年。)

34. Thon, Rechtsnorm und subjektives Recht, 1878, Neudruck 1964. (托恩：《法律规范与主观法》，1878年，1964年重印。)

35. Zöllner, Die Rechtsnatur der Tarifnormen nach deuschtem Recht, 1966. (策尔纳：《德国法上劳资协议规范的法律性质》，1966年。)

法学方法（Juristische Methode）

36. Beaucamp/Treder, Methoden und Technik der Rechtsanwendung, 2. Aufl. 2011. [博康/特雷德：《法律适用的方法与技术》（第2版），2011年。]

37. Bydlinski, Juristische Methodenlehre und Rechtsbegriff, 2. Aufl. 1991 (dazu Adomeit, JZ 1983, 513). [比德林斯基：《法学方法论与法概念》（第2版），1991年（书评参见阿多迈特，《法学杂志》1983年，第513页）。]

38. ders., Grundzüge der juristischen Methodenlehre, 2005. (比德

林斯基:《法学方法论基础》,2005 年。)

39. Cicero, Über den Redner = de oratore, Reclam Nr. 6884 (ed. Merklin). [西塞罗:《论演说家》,"雷克拉姆出版系列第 6884 本"(默克林编)(中译本参见王焕生译,中国政法大学出版社 2003 年版)。]

40. Digesten, Buch 1 Titel III: de legibus … [《学说汇纂》第一卷第三部分:法……(中译本参见罗智敏译,[意]纪蔚民校,中国政法大学出版社 2008 年版)。]

41. Engisch, Einführung in das juristischen Denken, 11. Aufl. 2010. [恩吉施:《法律思维导论》(第 11 版),2010 年(中译本·修订版参见郑永流译,法律出版社 2014 年版)。]

42. Esser, Grundsatz und Norm in der richterlichen Fortbildung des Privatsrechts, 1956, 4. unveränd. Aufl. 1990. [埃塞尔:《法官私法续造中的原则与规范》,1956 年,1990 年第 4 版(未改动)。]

43. Larenz/Canaris, Methodenlehre der Rechtswissenschaft, Studienausgabe, 3. Aufl. 1995. [拉伦茨/卡纳里斯:《法学方法论》(第 3 版·学生版),1995 年(中译本参见陈爱娥译,商务印书馆 2003 年版)。]

44. Pawlowski, Einführung in die juristische Methodenlehre, 2. Aufl. 2000. [帕夫洛夫斯基:《法学方法论导论》(第 2 版),2000 年。]

45. Puppe, Kleine Schule des juristischen Denkens, 2008 (vor allem mit strafrechtlichen Beispielen). [普珀:《法学思维小学堂》,2008 年(所举例子主要来自于刑法)(中译本参

见蔡圣伟译,北京大学出版社 2011 年版)。]

46. Riesenhuber, Europäische Methodenlehre, 2. Aufl. 2010. [里森胡贝尔:《欧洲方法论》(第 2 版),2010 年。]

47. Rüthers, Die unbegrenzte Auslegung, 6. Aufl. 2005. [吕特斯:《不受限的解释》(第 6 版),2005 年。]

48. Säcker, Auslegung und richterliche Fortbildung des Privatsrechts, in Münchener Kommentar zum BGB, 5. Aufl. 2006, Einleitung Anm. 66ff. [泽克尔:《私法的司法续造与解释》,载于《〈德国民法典〉慕尼黑评注书》(第 5 版)"导论"脚注第 66 以下。]

49. Savigny, System des heutigen römischen Rechts, 1. Band, 1840, §33. [萨维尼:《当代罗马法体系》(第 1 卷),1840 年,第 33 节(中译本参见朱虎译,中国法制出版社 2010 年版)。]

50. Viehweg, Topik und Jurisprudenz, 1953, 5. Aufl. 1974. [菲韦格:《论题学与法学》,1953 年,1974 年第 5 版(中译本参见舒国滢译,法律出版社 2012 年版)。]

51. Wank, Die Auslegung von Gesetzen, 5. Aufl. 2011. [旺克:《制定法解释》(第 5 版),2011 年]

52. Wesel, Juristische Weltkunde, 8. Aufl. 2000, Nachdruck 2004. [维瑟尔:《法学通识》(第 8 版),2000 年,2004 年重印。]

53. Zippelius, Juristische Methodenlehre, 10. Aufl. 2006. [齐佩利乌斯:《法学方法论》(第 10 版),2006 年(中译本参见金振豹译,法律出版社 2010 年版)。]

论证理论（Argumentationstheorie）

54. Aarnio/Alexy/Pecczenik, The Foundation of Legal Reasoning, in Rechtstheorie 2/1981.［阿尔尼奥、阿列克西、佩彻尼克："法律论证的基础"，载《法理论》第 2 卷（1981 年）（中译本参见冯威译，载舒国滢主编：《法学方法论论丛》（第 2 卷），中国法制出版社 2014 年版）。］

55. Alexy, Theorie der juristischen Argumentation, 1978, 3. Aufl. 1995.［阿列克西：《法律论证理论》，1978 年，1995 年第 3 版（中译本参见舒国滢译，中国法制出版社 2003 年版）。］

法政治学（Rechtspolitologie）

56. Aristoteles, Politik, dtv Nr. 6022.［亚里士多德：《政治学》，"dtv 出版系列第 6022 本"（中译本参见吴寿彭译，商务印书馆 1996 年版）。］

57. Bentham, An Introduction to the Principles of Morals and Legislation, ed. Burns and Hart, London 1970.［边沁：《道德与立法原理导论》（中译本参见时殷弘译，商务印书馆 2012 年版）。］

58. Brecht, Politische Theorie, Ed. Tübingen 1961.（布莱希特：《政治理论》，图宾根 1961 年版。）

59. Cicero, Pro P. Sestio oratio – Rede für Sestius（Lateinisch – deutsch）, Reclam 2010.［西塞罗：《为执政官塞斯提乌斯而辩》（拉丁-德语双语版），雷克拉姆 2010 年版。］

60. Engels, Die Lage der arbeitenden Klasse in England, 1845.

[恩格斯:《英国工人阶级状况》,1845年(中译本参见《马克思恩格斯全集》第2卷)。]

61. Görlitz, Politische Funktionen des Rechts, 1976. (格利茨:《法的政治功能》,1976年。)

62. Hobbes, Leviathan, 1651, Rowohlts Klassiker Nr. 187/189. [霍布斯:《利维坦》,1651年,"罗沃尔茨经典系列第187/189本"(中译本参见黎思复、黎廷弼译,商务印书馆1985年版)。]

63. v. Ihering, Reich und arm im altrömischen Civilprozeß – aus: Plaudereien eines Romanisten, Wien 1880. (冯·耶林:"古罗马民事诉讼中的贫与富",选自《一位罗马法学者的杂谈》,维也纳1880年版。)

64. Jaspers, Die Atombombe und die Zukunft des Menschen, 1958. (雅斯贝尔斯:《原子弹和人类的未来》,1958年。)

65. ders., Wohin treibt die Bundesrepublik? 1966. (雅斯贝尔斯:《联邦共和国何处去?》,1966年。)

66. Kammler, Logik der Politikwissenschaft, 1976. (卡姆勒:《政治科学的逻辑》,1976年。)

67. Kriele, Einführung in die Staatslehre, 1975, rororostudium-Nr. 35. (克里勒:《国家学导论》,1975年,"洛洛洛研究系列丛书第35本"。)

68. Mann, Betachtungen eines Unpolitischen, 1918. (曼:《非政治观察》,1918年。)

69. Morus, Utopia, 1516, Rowohlts Klassiker Nr. 68/69. (莫鲁斯:《乌托邦》,1516年,"罗沃尔茨经典系列第68/69

本"。）

70. Platon, politeia = Staat, Rowohlts Klassier Nr. 27. [柏拉图：《理想国》，"罗沃尔茨经典系列第 27 本"（中译本参见郭斌和、张竹明译，商务印书馆 1986 版）。]

71. Popper, Die offene Gesellschaft und ihre Feinde, Bd. I: Der Zauber Platons; Bd. II: Falsche Propheten. Hegel, Marx und die Folgen, 8. Aufl. 2003. [波普尔：《开放社会及其敌人》第 1 卷"柏拉图的魔法"和第 2 卷"错误的预言家：海格尔、马克思及其追随者"（第 8 版），2003 年（中译本参见陆衡等译，中国社会科学出版社出版 2016 年版）。]

72. Radbruch, Rechtsphilosophie Parteienlehre, § 8 der Rechtsphilosophie, 2. Aufl. (Studienausgabe) 2003. [拉德布鲁赫："法哲学上的党派学说"，载《法哲学》（第 2 版·学生版）第八章，2003 年（中译本参见［德］拉德布鲁赫：《法哲学》，王朴译，法律出版社 2013 年版）。]

73. Rousseau, Discours über den Ursprung und die Grundlagen der Ungleichheit unter den Menschen, 1755. [卢梭：《论人类不平等的起源和基础》，1755 年（中译本参见黄小彦译，译林出版社 2013 年版）。]

74. Rüthers, Entartetes Recht – Rechtslehren und Kronjuristen im Dritten Reich, 1988. （吕特斯：《蜕变的法——第三帝国的法律学说和桂冠法学家》，1988 年。）

75. Sallust, Die Verschwörung des Catilina, Reclam Nr. 889 (ed. K. Büchner). [扎鲁斯特：《喀提林阴谋》，"雷克拉姆出版系列第 889 本"（K. 比希纳编）（中译本参见［古罗马］撒

路斯提乌斯:《喀提林阴谋 朱古达战争》,王以铸、崔妙因译,商务印书馆出版2010年版)。]

76. Schumpeter, Kapitalismus, Sozialismus und Demokratie, UTB Nr. 172. [熊彼得:《资本主义、社会主义和民主》,"UTB系列丛书第172本"(中译本参见吴良健译,商务印书馆1999年版)。]

77. Seneca, De Clementia = Über die Güte, Reclam Nr. 8385 (ed. K. Büchner). [塞涅卡:《论仁慈》,"雷克拉姆出版系列第8385本"(K. 比希纳编)(中译本参见《塞涅卡三论:论仁慈、论发怒、论幸福生活》,丁智琼译,安徽大学出版社2005年版)。]

78. Weber, Der Beruf zur Politik/Vom inneren Beruf zur Wissenschaft/Zur Wertfreiheit der Sozialwissenschaften, in: Winckelmann (Hrsg.), Max Weber, Soziologie, universalgeschichtliche Analysen, Politik, 5. Aufl. 1973. [韦伯:《以政治为业 以学术为业 论社会科学的价值中立性》,载温克尔曼编:《马克斯·韦伯:社会学、普遍历史分析、政治学》(第5版),1973年(中文版参见[德]马克斯·韦伯:《学术与政治》,冯克利译,三联书店1998年版)。]

79. Zippelius, Allgemeine Staatslehre-Politikwissenschaft, 12. Aufl. 1994. (齐佩利乌斯:《一般国家学:政治科学》(第12版),1994年。)

80. Zöllner, Recht und Politik-Zur politischen Diemension der Rechtsanwendung, in Gernhuber (Hrsg.), Festschrift für 500 Jahre Tübinger Juristenfakultät, 1978, S. 131ff. (策尔纳:《法

与政治：法律适用的政治维度》，载格恩胡贝尔编：《图宾根法学院 500 周年纪念文集》，1978 年，第 131 页以下。）

法哲学（Rechtsphilosophie）

81. Albert, Traktat über rationale Praxis, 1978.（阿尔伯特：《理性实践论》，1978 年。）

82. Braun, Einführung in die Rechtsphilosophie–Der Gedanke des Rechts, 2006.（布朗：《法哲学导论：法的思想》，2006 年。）

83. Bydlinsky, Fundmentale Rechtsgrundsätze–Zur rechtsethischen Verfassung der Sozietät, 1988.（比德林斯基：《基本法律原则：论社团的法伦理构造》，1988 年。）

84. Coing, Grundzüge der Rechtsphilosophie, 5. Aufl. 1993.［科英：《法哲学基础》（第 5 版），1993 年（中文本参见［德］赫尔穆特·科英：《法哲学》，林荣远译，华夏出版社 2002 年版）。］

85. Dworkin, Bürgerrechte ernstgenommen, 1984.［德沃金：《认真对待权利》，1984 年（中文本参见信春鹰、吴玉章译，上海三联书店 2008 年版）。］

86. Engisch, Auf der Suche nach der Gerechtigkeit, 1971.（恩吉施：《追求正义》，1971 年。）

87. Habermas, Faktizität und Geltung, 1992.［哈贝马斯：《事实性与效力》，1992 年（中译本参见［德］于尔根·哈贝马斯：《在事实与规范之间》，童世骏译，三店书店 2014 年版）。］

88. Hösle, Moral und Politik –, Grundlagen einer politischen Ethik

für das 21. Jahrhundert, 1997 (dazu Adomeit, ZRP 1998, 453). [赫斯勒：《道德与政治：21世纪政治伦理学基础》, 1997年（书评参见阿多迈特，《法政策学杂志》1998年，第453页）。]

89. Kriele, Recht und praktische Vernunft, 1979. (克里勒：《法与实践理性》, 1979年。)

90. Larenz, Richtiges Recht, 1979. (拉伦茨：《正确法》, 1979年。)

91. Radbruch, Rechtsphilosophie, 2. Aufl. (Studienausgabe) 2003. [拉德布鲁赫：《法哲学》（第2版·学生版），2003年（中译本参见王朴译，法律出版社2013年版）。]

92. Rawls, Eine Theorie der Gerechtigkeit, 1975. [罗尔斯：《正义论》, 1975年（中译本参见何怀宏译，中国社会科学出版社2001年版）。]

93. Tammelo, Theorie der Gerechtigkeit, 1977. (塔麦洛：《正义论》, 1977年。)

94. Zippelius, Rechtsphilosophie, 6. Aufl. 2011. [齐佩利乌斯：《法哲学》（第6版），2011年（中译本参见金振豹译，北京大学出版社2013年版）。]

声　明	1. 版权所有，侵权必究。
	2. 如有缺页、倒装问题，由出版社负责退换。

图书在版编目（CIP）数据

写给学生的法理论/(德)克劳斯·阿多迈特，(德)苏珊·汉欣著；雷磊译. —北京：中国政法大学出版社，2018.6（2024.2重印）

ISBN 978-7-5620-8345-0

Ⅰ．①写… Ⅱ.①克… ②苏… ③雷… Ⅲ. ①法的理论－研究 Ⅳ. ①D90

中国版本图书馆CIP数据核字(2018)第126403号

出 版 者	中国政法大学出版社
地　　址	北京市海淀区西土城路25号
邮寄地址	北京 100088 信箱 8034 分箱　邮编 100088
网　　址	http://www.cuplpress.com (网络实名：中国政法大学出版社)
电　　话	010-58908289(编辑部) 58908334(邮购部)
承　　印	北京中科印刷有限公司
开　　本	850mm×1168mm　1/32
印　　张	9.5
字　　数	160 千字
版　　次	2018 年 6 月第 1 版
印　　次	2024 年 2 月第 2 次印刷
定　　价	36.00 元